AF549405

Wo Führungskräfte sich noch vor zwanzig Jahren in gediegenem Mobilar und mit ebenso gediegenen Ölgemälden abbilden ließen, stehen sie heute vor moderner Kunst.

Moderne Kunst im Umfeld von Geld und Macht: Wie konnte sie zu einem der wichtigsten Statussymbole unserer Zeit werden? Und was sagt dies über die Kunst selbst aus – sowie über diejenigen, die sich ihrer bedienen?

Wie schon in seiner Monographie über die Wirkungsgeschichte der *Uta von Naumburg* berichtet Wolfgang Ullrich auch diesmal von den merkwürdigen Folgen und Nebenwirkungen eines allzu hohen Kunstbegriffs.

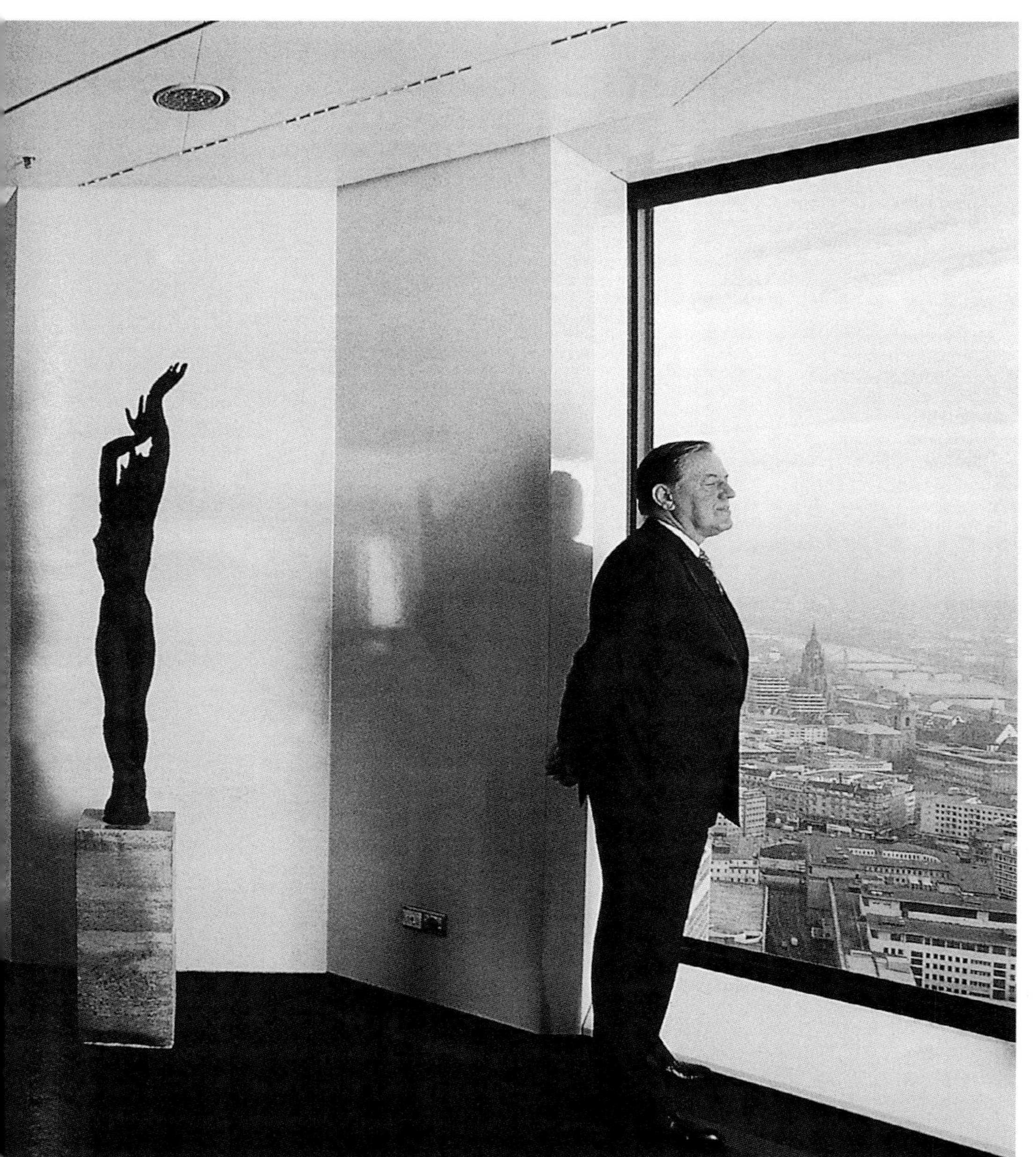

Wolfgang Ullrich

Mit dem Rücken zur Kunst

Die neuen Statussymbole der Macht

Verlag Klaus Wagenbach Berlin

Inhalt

Kunst als Statussymbol

Kunst als Markenprodukt

Kunst als Statussymbol

Ein neuer Bildtypus

Fast scheint es, als sei der Mann noch nicht oft fotografiert worden: Starr fixiert sein Blick das Gegenüber, das nun nicht mehr ein Fotograf, sondern der Betrachter eines Fotos ist (Abb. I)*. Etwas verkniffen, zugleich aber entschlossen ist sein Mund, mit stark ausgeprägten Winkeln, die durch die einseitige Beleuchtung des Gesichts noch markanter zur Geltung kommen. Kopf und Oberkörper hält der Abgebildete streng gerade, beinahe etwas verspannt, die beiden Schultern sind nahezu spiegelsymmetrisch. In der linken Hand aber hat er eine frisch angesteckte Zigarre, was demonstrativ wirkt, da üblicherweise in keiner so steif-resoluten Haltung geraucht wird. Es ist, als habe der Fotograf die Zigarre als Accessoire gewünscht und auch vorgeschlagen, die andere Hand in der Hosentasche verschwinden zu lassen: Damit es spontan und lässig aussieht. So sendet das Foto widersprüchliche Signale aus, und die Person darauf erscheint distanziert und jovial zugleich. Die Zigarre kündet freilich nicht nur von Entspannung und Genuß, sondern ist ebenso Zeichen der Macht. Schon lange gehört sie zum Repertoire von Unternehmern und eher noch von Bossen, die männlich-cool auftreten.

Doch gibt es ein auffälligeres und stärkeres Element auf dem Foto als die Zigarre: Einen Großteil des Hintergrunds nimmt ein abstraktes Gemälde ein, das an der Rückwand des Zimmers hängt. Darunter steht ein Bücherregal, weniger repräsentativ als funktional, auf dem lediglich einige bewußt aufgestellte Gegenstände einen persönlichen Bezug verraten. Vor dem Regal schließlich ist, stark angeschnitten, der Teil einer Tischplatte zu sehen, an die sich der Porträtierte ein wenig anlehnt. Der Mann steht so zentral vor dem Gemälde, als identifiziere er sich damit.

* Lateinische Ziffern verweisen auf farbige Abbildungen im Bildteil ab Seite 99, arabische Ziffern auf Schwarzweiß-Abbildungen im Text.

Farbliche Korrespondenzen verstärken diesen Eindruck: Dasselbe Rot, das die Hauptfarbe des Bilds ausmacht, kehrt in einer einfarbigen Krawatte wieder, und schwarzen Feldern, dem einzigen Akzent neben dem Rot, entspricht ein dunkles Jackett.

Als das Foto im Sommer 1998 im *Spiegel* veröffentlicht wurde, zeigte es den Kanzlerkandidaten der SPD. Bei einer in Wahlkampfzeiten naheliegenden Lesart mochte das Rot und Schwarz des Gemäldes als heimliche Koalitionsaussage gedeutet werden, was freilich nicht berücksichtigt, daß die Farben zu einem Stück moderner Kunst gehören. Als solche wird das Bild aber selbst von Laien sofort wahrgenommen, auch wenn es kaum ein Experte ohne weiteres einem Künstler zuordnen könnte: Es zeugt vom verantwortungsvollen Umgang mit Steuergeldern – oder von der mäßigen Bezahlung der Politiker – wenn im Arbeitszimmer eines Ministerpräsidenten, als der jener Kanzlerkandidat damals amtierte, keine Werke der berühmtesten – und somit teuersten – Meister hängen. Dafür ist Lienhard von Monkiewitsch, der Maler des bichromen Bilds mit dem Titel »Komposition mit dem Zufall«, Landeskind des Ministerpräsidenten und Professor an der Braunschweiger Kunstakademie.

Ein Repräsentant der Macht, der nach noch mehr Macht strebt, läßt sich also nicht nur mit einer Zigarre, einer Reminiszenz an das Zeitalter der Szepter, sondern gleichzeitig vor einem Werk zeitgenössischer Kunst fotografieren. Eine weithin bekannte und traditionelle Machtinsignie, durch Ludwig Erhard in Deutschland zudem zum Dingsymbol für Wirtschaftskompetenz geworden, wird damit um ein Accessoire ergänzt, das als Attribut der Macht weniger vertraut ist. Dabei stellt das Foto mit dem Kanzlerkandidaten keinen Einzelfall dar. Vielmehr ist es Beispiel für einen Bildtypus, der seit ungefähr 1985 immer wieder, vor allem in Nachrichten- und Wirtschaftsmagazinen, auftaucht: Spitzenmanager, Vorstands- oder Aufsichtsratsmitglieder, Politiker oder Unternehmer werden vor dem Hintergrund moderner Kunst porträtiert, die dabei das auffälligste und oft auch einzige Sujet neben der Person ist. Allerdings soll es im folgenden nicht um das Bildmaterial von Reportagen gehen, die jene Machtrepräsentanten als Kunstsammler oder -förderer vorstellen; dann gibt der Bezug zwischen der abgebildeten Person und dem jeweiligen Kunstwerk nämlich nicht weiter zu denken und ist überwiegend illustrativ. Fehlt im begleitenden Text hingegen jegliche Bezugnahme auf die Kunst, zieht das mutmaßliche Verhältnis zwischen Abgebildetem und Kunstwerk gesteigerte Aufmerksamkeit auf sich und läßt ebenso plakativ wie rätselhaft eine besondere Aussage vermuten.

Freilich scheint es fast schon eine Kunst geworden zu sein, einen Manager oder Politiker in seinem Arbeitszimmer oder in einem Konferenzsaal ohne Kunst zu fotografieren. Immerhin haben heute rund 70 Prozent der Topmanager und sogar 85 Prozent der Politiker in Deutschland ihren Arbeitsplatz mit modernen Werken bestückt.[1] Bei vielen Fotografien ist auch schwer zu entscheiden, ob ein Kunstwerk beiläufig oder absichtsvoll als Bildelement auftaucht, zumal Beiläufigkeit ebenfalls genau kalkuliert sein kann. Ebenso kommt es vor, daß der Ausschnitt eines Werks den gesamten Hintergrund einnimmt; dann ist es zwar einerseits um so dominanter, andererseits jedoch oft nur schwer als Kunstwerk erkennbar. So wurde etwa der Generaldirektor der Victoria-Versicherung im Foyer vor dem Gemälde *Victoria II* von Gerhard Richter fotografiert, das so große Ausmaße besitzt, daß nur ein kleinerer Teil davon auf dem Foto zu sehen ist (Abb. II): Kein Rahmen grenzt es von anderem ab, weshalb mancher es vielleicht auch nur für eine interessante Dekoration oder geheimnisvoll-exotische Hintergrundlandschaft hält; auf jeden Fall ergeben sich so kaum zusätzliche Deutungsmöglichkeiten, zu denen ein Bild im Bild sonst gerne veranlaßt.[2]

Um so mehr scheint es zu bedeuten, wenn eine Person zusammen mit einem Gemälde sogar noch freigestellt wird. So sieht man den Vorstandssprecher der Dresdner Bank anläßlich eines Interviews allein vor dem Hintergrund eines Gemäldes, das ihn bei weitem überragt und dessen Abbildungsgröße um so mehr überrascht, als in dem Interview nicht einmal am Rande von Kunst oder Kultur die Rede ist (Abb. III). Dabei ist das Werk nicht einmal sonderlich berühmt und stammt von Max Ackermann, einem Maler im Umkreis von Adolf Hölzel. Es geht also weniger darum, mit einem bestimmten, besonders wertvollen Bild zu protzen, als vielmehr um eine Nähe zu moderner Kunst im allgemeinen, da diese offenbar die Bedeutung der jeweiligen Person zu steigern vermag und sie mit einer vorteilhaften Aura umgibt.

Selbst wenn nicht alle Fotografien, auf denen ein Vertreter der Führungselite zusammen mit einem Werk moderner Kunst abgebildet ist, eine weiterreichende Interpretation nahelegen, dokumentiert die Häufigkeit dieses Bildtypus eine Affinität von Macht und Kunst; auffällig ist vor allem, wie sehr sich die Ausstattung von Räumen mit zeitgenössischer Kunst auf den Bezirk zeitgenössischer Herrschaftsformen konzentriert. So werden Vertreter anderer Berufsstände – abgesehen von Sammlern oder Kunsthistorikern – fast nie so explizit zusammen mit einem Kunstwerk abgebildet wie Politiker oder Manager.

Die Allianz zwischen der Machtelite und zeitgenössischer Kunst, die dabei offenbar zum Statussymbol wird, ist in dieser Form ein neues und kaum erörtertes Phänomen. Zwar mochte die Präsentation von Kunst immer wieder als Beleg für einen hohen gesellschaftlichen Status und für Wohlstand dienen, doch hatten dann meist Werke vergangener Epochen gegen den Verdacht zu schützen, nur neureich zu sein. Schon Plinius klagte darüber, daß Galerien mit alten Gemälden gefüllt werden, die allein wegen ihres hohen Preises geschätzt würden.[3] Und natürlich ist es ein Topos der Kulturkritik, einen Verfall von Sitten und Geschmack daran festzumachen, daß keine echte Auseinandersetzung mit der Kunst mehr stattfinde, sondern man sie nur noch zu Zwecken der Repräsentation verwende: Anstatt sie *als* Kunst und etwas Eigenes zur Geltung kommen zu lassen, stelle man sie auf dieselbe Stufe mit anderen Statussymbolen, Kleidung oder Schmuck etwa, die ihrerseits vornehmlich Reichtum und modisches Bewußtsein sichtbar machen sollen. So verurteilt etwa Karl Heinrich Heydenreich, am Ende des 18. Jahrhunderts ein einflußreicher Philosophieprofessor in Leipzig, daß Kunstwerke, im Unterschied zur Antike, »nichts anders als Waaren der Galanterie und der Eitelkeit« mehr seien: »Man besetzt Schränke und Zimmer mit ihnen, entweder um zu zeigen, daß man reich ist, oder um das zu besitzen zu scheinen, wovon man oft nicht einmal weiß, was es eigentlich ist: Geschmack.«[4]

Hier läßt sich auch an die Galeriebilder denken, die als eigenes Bildgenre im 17. Jahrhundert zuerst in Antwerpen entstanden. Sie zeigen jedoch meist gar keine wirklichen Bildersammlungen, sondern einem enzyklopädischen Ideal folgend vereint der Maler jeweils Werke verschiedener Gattungen und Kunstschulen auf einem Bild. Gerne sind die fünf Sinne Thema eines solchen Galerie-Interieurs, oder es geht darum, die Spannbreite der Malerei vorzuführen, um sie gegenüber anderen Künsten aufzuwerten. Auch ist die Kunstkammer häufig zugleich eine Wunderkammer, und neben Gemälden und Skulpturen entdeckt man Exotica, Muscheln oder Meisterstücke des Kunsthandwerks. Entsprechend halten sich Wissenschaftler, Gelehrte oder Maler in einem solchen Galerieraum auf; sie betrachten einzelne Exponate dieses Orts der Erkenntnis, diskutieren und studieren, und die Werke dienen ihnen zur Beschäftigung und keineswegs zur Repräsentation.

Um so mehr kann sich freilich ein Machthaber und Fürst schmücken,

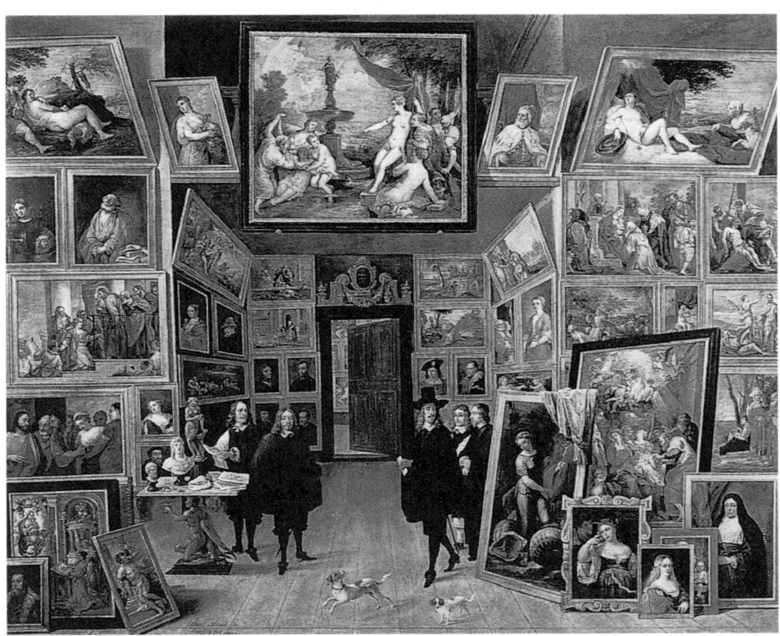

Abb. 1 David Teniers d. J. *Erzherzog Leopold Wilhelm in seiner Galerie* (um 1647)

läßt er sich als Besucher einer – gar seiner eigenen – Galerie malen: Er erregt dann Bewunderung nicht nur, weil er Geld und Geschmack besessen hat, eine umfangreiche Sammlung aufzubauen, sondern weil er auch über die Bildung und Neugier verfügt, sich damit auseinanderzusetzen. David Teniers d. J. geht in einigen Gemälden, die den Statthalter von Flandern in seiner – auch wirklich vorhandenden – Galerie zeigen, am weitesten darin, Kunst zum Repräsentationsgegenstand und Statussymbol zu machen *(Abb. 1):* Der Regent führt hier Gästen seine Schätze aus der Geschichte der Malerei vor, und wie die Bilder überwiegend vergangenen Epochen und Blütezeiten der Malerei entstammen, ist er seinerseits bewußt altmodisch gekleidet. So entspricht er dem Ideal seiner Zeit, erweist sich als geschichtskundig, versiert und rundum gebildet. In ihrer Größe und Vielfalt verleiht ihm also die Galerie besondere Autorität und wird damit zu einem ausgezeichneten Statussymbol.[5]

Am häufigsten tauchen Kunstgegenstände in der Ikonographie früherer Jahrhunderte jedoch bei Personen auf, die sich professionell mit Kunst beschäftigen. Anstatt als Statussymbol fungiert diese dann als Attribut der Berufstätigkeit oder eignet sich sogar zu Anspielungen auf die Biographie des Porträtierten, wie im Fall von Lorenzo Lottos 1527 gemaltem Bildnis des Venezianer Kunsthändlers Andrea Odoni (Abb. IV). Dieser ist – mit pelzbesetztem Kragen, einer Goldkette sowie mit Geldstücken auf dem Tisch – als vermögender Mann in Ausübung seines Berufs dargestellt: Er offeriert gerade eine antike weibliche Figur, vermutlich eine Diana, und bemüht sich, dabei möglichst seriös und überzeugend zu erscheinen: Ungewöhnlich ausladend und raumgreifend wirkt seine durch das üppige Gewand noch unterstützte Geste. Andere Werke plastischer Kunst, ebenfalls Antiken oder wenigstens Kopien antiker Werke, umgeben ihn, darunter ein überlebensgroßer Kopf des römischen Kaisers Hadrian und, im Hintergrund, die Statuetten einer sich waschenden Frau – eventuell einer Venus – sowie, noch kleiner, eines Herkules-Knaben. Dies gilt als Hinweis darauf, daß der kinderlose Odoni sich Nachkommen wünscht, während man die Kaiser-Büste als Zeichen weltlicher Macht interpretierte und darin sogar physiognomische Ähnlichkeit zum Porträtierten entdecken wollte.[6]

Solche Deutungen werden auch dadurch angeregt, daß die Gegenstände auf dem Gemälde lediglich collagenhaft addiert wirken, also in keiner Lebenswelt aufgehen; anstatt als Waren eines Kunsthändlers erscheinen sie viel eher als Elemente einer Allegorie. Diese bezieht man auf Andrea Odoni, zumal es Lotto verstanden hat, kompositorische Zusammenhänge zwischen jenem und dem Accessoire aufzubauen, etwa wenn er die pyramidale Anordnung der Figuren des Hintergrunds in der Schulter- und Armhaltung des Kunsthändlers wiederholt.

Auf den ersten Blick ähnliche Korrespondenzen finden sich gelegentlich bei zeitgenössischen Porträts von Personen, die Kunstgegenstände um sich versammelt haben. So wird der Geschäftsführer einer deutschen Rechtsanwalts-GmbH inmitten von Objekten präsentiert, die ebenfalls bloß addiert wirken, zu keiner Einheit zusammenfinden, sondern höchstens einen Rahmen bilden, der die Person schmücken soll (Abb. V): Noch ausladender als Odoni sitzt der Jurist auf seinem Stuhl, zudem breit grinsend, die Beine übereinandergeschlagen, die Arme selbstbewußt von sich gestreckt und hinter dem Kopf zusammengeführt. Die Ellenbogen zeigen jeweils auf eine überdimensionale Pinsel-Skulptur, was die Körpersprache noch verstärkt. Auch zwei andere Kunstobjekte sind für den eher kleinen Raum zu groß: Ein abstraktes blaues Gemälde nimmt die gesamte Breite der hinteren Wand ein, während von der Decke ein flugzeugähnliches Gebilde aus Draht herunterhängt. Diese Überfrachtung mit Kunstobjekten wirkt um so ambitionierter, als dem Raum selbst alles Exquisite abgeht; vielmehr dürfte es sich um ein angemietetes und bereits etwas älteres Büro handeln, wie ein großes Kippfenster sowie ein darunter angebrachter Rippenheizkörper nahelegen.

Der Unterschied zum Porträt Andrea Odonis ist freilich groß: Stellt Lotto dessen Berufstätigkeit dar und deutet zudem – mutmaßlich und symbolhaft – etwas über seine Lebensverhältnisse an, kommt man im Fall des Juristen nicht auf die Idee, in einzelnen der Werke Anspielungen auf seine Biographie zu sehen. So exponiert sie sind, so sehr erschöpft sich die Bedeutung des Fluggebildes oder der Pinsel-Objekte vielmehr darin, Werke zeitgenössischer Kunst zu sein. Allein als solche nimmt man sie wahr. Relevant ist auch hier nicht einmal, was für Werke es genau sind oder von wem sie stammen: Es fällt nur auf, daß sich jemand, der beruflich nichts mit Kunst zu tun hat, maßgeblich – und vielleicht sogar penetrant – darüber definiert. Dabei geht es nur noch am Rande darum, Reichtum oder besonderen Geschmack zu dokumentieren: Sonst versammelte man kaum verschiedenste Werke in einem engen und wenig repräsentativen Raum. Und eben darin besteht das Neuartige, da es nie zuvor in der abendländischen Geschichte so deutlich Kunst *als* Kunst war, womit man das eigene Bild in der Öffentlichkeit zu bestimmen suchte.

Managertugenden

Was aber verheißt das Statussymbol ›moderne Kunst‹, wenn sich vor allem Vertreter der Machtelite damit fotografieren lassen? Von jeher verkörpern Statussymbole neben ökonomischer Macht und einem Interesse an der jeweiligen Mode Werte, Ideale oder Eigenschaften; die Lebenshaltung einer Person wird dadurch ebenso offengelegt wie ihr Selbstverständnis. Deshalb arbeiten gerade Porträtisten häufig mit Statussymbolen: Sie begegnen damit der Schwierigkeit, wichtige Charakteristika wie die Stimme oder Motorik einer Person auf einem Bild nicht wiedergeben zu können. Erst im Zeitalter von Tonfilm und Fernsehen bedürfte es dieser indirekten Porträtierung mithilfe von Statussymbolen kaum noch, hätten nicht gleichzeitig Abbildungen insgesamt an Stellenwert gewonnen. Vor allem in den Printmedien sind Accessoires für die Darstellung von Personen weiterhin wichtig, und entsprechend findet man dort moderne Kunst besonders häufig als Kulisse. Freilich spielt auch eine Rolle, daß sie meist sehr farbkräftig ist, in mittlerweile fast durchwegs mit bunten Abbildungen illustrierten Magazinen leichter als andere Fotosujets Aufmerksamkeit erregen kann und das Auge selbst flüchtig blätternder Leser zu binden vermag. Im Zeitalter eines Darwinismus der Bilder steigert ein greller und markanter Hintergrund somit die öffentliche Wirkung der Person, die auf dem Foto porträtiert ist.

Aber viel wichtiger als ihre Fotogenität ist natürlich, daß moderne Kunst als Statussymbol dazu veranlaßt, auf Charakter und Mentalität derer zu schließen, die sich damit umgeben. Schon Pierre Bourdieu stellte fest, daß in der modernen Gesellschaft gerade Kunst das eigene Persönlichkeitsprofil sichtbar machen kann: Kunstwerken als »vergegenständlichten Zeugnissen des ›persönlichen Geschmacks‹ werde fast so viel Aussagekraft eingeräumt wie der Zurschaustellung bestimmter Eigenschaften oder Fähigkeiten im Handeln«.[7] Dies gilt erst recht, wenn Kunstwerke als Accessoire auf einem Porträt Verwendung finden und man sie unweigerlich auf die jeweils abgebildete Person bezieht. Wirkt nun aber moderne Kunst als Statussymbol überwiegend dadurch, daß sie *als* Kunst wahrgenommen wird, dann heißt dies: Es besteht die Neigung, dem Porträtierten dieselben Eigenschaften zuzusprechen, die auch der Kunst nachgesagt werden.

Doch um welche Eigenschaften handelt es sich dabei? Am besten geht dies aus Kunstkommentaren hervor, die die Attribute nennen, mit denen einzelne Werke als Kunst ausgewiesen werden, oder die sich in Umschreibungen schöpferischer Tätigkeit ergehen. Hier ein paar Statements zu den drei bereits genannten Künstlern: In einer Monographie über Lienhard von Monkiewitsch ist zu lesen, dessen Werk stelle in seiner »außerordentlichen Kreativität« eine »respektlose Umdeutung« sowie »Eroberung des konstruktiven Gestaltungsmaterials« dar; er sei ein »unorthodoxer Vertreter« der Kunst, der in einen »furchtlosen Dialog mit Kasimir Malewitsch«, dem Schöpfer des schwarzen Quadrats, eingetreten sei.[8] In einem anderen Text ist von der »ungeheuren Präsenz« des Schwarz die Rede, das damit fast existenzialistisch gedeutet und zum Beleg für einen gleichermaßen »konsequenten« wie »unermüdlichen« Künstler wird.[9] Von den abstrakten Bildern Gerhard Richters wird behauptet, sie böten »eine Synthese von Intellektualität, Sensibilität und unmittelbarer Ausdrucksstärke«; als »Abenteuer« beschreibt man sie und als ein »Feuerwerk« aus Strukturen, die die Bildfläche »dynamisieren«; »aggressive Präsenz« wird ihnen schließlich ebenso attestiert wie die Eigenschaft, »komplex, überlegt und sensibel« zu sein.[10] Dafür wird bei Max Ackermann »die Konsequenz und Unbeirrbarkeit« hervorgehoben[11], »das Experiment und die Offenheit« sei seine Sache gewesen, selbst in schwierigen Situationen hätten sich »seine Antriebsenergien als ungebrochen« erwiesen.[12]

Zu den in solchen Kommentaren oder Kritiken immer wieder beschworenen Kunst-Tugenden gehört es also, mit Konventionen zu brechen, mit ungewohnten Perspektiven zu provozieren oder mit Mut zu neuen Ideen Kreativität und Energie, aber auch Gespür für brisante Themen unter Beweis zu stellen. Bevorzugt wird Kunst in heroischen Kategorien von Aufbruch, Kraft und Innovation gepriesen, und unhinterfragt ist die Vorstellung von ihr als einer Avantgarde: Anderem voraus, durch Dynamik, Intensität, Intelligenz und Originalität zu einer Führungsrolle geeignet, risikofreudig, offen und entschieden.

Wer sich mit zeitgenössischer Kunst umgibt und in Szene setzt, um in deren – unumschränkt positivem – Image mitzuglänzen, darf also ebenfalls als Vertreter einer heldenhaft-tapferen Avantgarde erscheinen. In Zeiten, in denen die Identifikation mit militärischen Tugenden außer Mode gekommen ist und fast überall einen schlechten Eindruck macht, bietet sich die Kunst damit als edler Ersatz an; dank der ›Pioniere‹ der künstlerischen Moderne wurden ein martialischer Habitus und das forsche Vokabular, das man direkt aus der Sprache des Kriegs übernahm, von Assoziationen mit Blut und Grausamkeit weitgehend gereinigt, so zu neuer Unschuld gebracht und wiederverwendbar gemacht. Damit schmeichelt die Kunst denjenigen, die sich selbst gerne als die Helden der Gegenwart sehen, und sie taugt als Symbol für eine moderne, aufgeschlossene, aktiv-selbstbewußte und gelegentlich auch offensiv-vorpreschende Lebensart. Daß Führungskräfte genau dies für sich in Anspruch nehmen und auch unter Beweis stellen müssen, erschließt sich nicht nur aus Interviews oder Reportagen, sondern am prägnantesten aus einem anderen Textgenre, nämlich der Stellenanzeige. Wird Personal für das Management gesucht und das gewünschte Persönlichkeitsprofil beschrieben, so dominieren dieselben Adjektive wie in den Kommentaren zu moderner Kunst: Dynamisch, offen, kreativ, innovativ, mutig, konsequent soll sein, wer eine Position erstrebt, mit der Macht verbunden ist.

Neben den Eigenschaften, die für Gegenwartskunst im allgemeinen als typisch gelten und die allesamt der Idee der Avantgarde entspringen, attestiert man den jeweiligen Vertretern einer als kunstsinnig sich präsentierenden Machtelite zusätzlich Qualitäten, die nur einzelnen Kunstrichtungen oder Künstlern zugeordnet werden. Der Chefvolkswirt der Deutschen Bank ist etwa häufig mit Siebdrucken von Max Bill abgebildet, als sollten damit die analytischen Fähigkeiten expliziert werden, die man von einer Person in dieser Position erwartet (Abb. VI). Als Konstruktivist baut Bill seine Bilder nämlich nach mathematischen Ordnungen und analysiert in ihnen Prinzipien der Geometrie, der Zahlen- oder Farbtheorie: »jeder teil des kreativen vorganges entspricht schritt für schritt logischen operationen und deren logischer überprüfung«.[13]

Nicht Nüchternheit und Klarheit, sondern eher die geheimnisvolle Aura einer reduzierten Figuration läßt hingegen Gemälde von Horst Antes zu einem beliebten Wandschmuck werden (Abb. VII). Über Antes heißt es bedeutungsschwer, er habe mit seinen Bildern »eine der machtvollsten, der vielgestaltigsten und eine der poetischsten Antworten der Kunst auf die Rätselhaftigkeit des menschlichen Daseins« gegeben; seine Figuren seien »ebenso Dämonen wie Lichtbringer, ebenso Last- wie Lustträger, ebenso beängstigend wie heiter«.[14] Entsprechend unterstellt man einem Unternehmer, der unter Antes sitzt, ein existenzielles Verhältnis zu seinem Beruf; weniger der Typ des rational kalkulierenden als der des passionierten Managers ist damit angesprochen. Dieser flößt freilich auch etwas Furcht oder zumindest Ehrfurcht ein: Er erscheint nie ganz durchschaubar, und vielleicht gibt es in seiner Psyche ungeahnte Abgründe oder aber sensible Tiefen, die man ihm nie zugetraut hätte.

Daß die Gemälde in den Arbeitszimmern häufig an der Wand hinter dem Schreibtisch plaziert sind, scheint der Annahme zu widersprechen, die Mächtigen stünden in beinahe intimer Beziehung dazu, haben sie die Kunst auf diese Weise doch nur ausnahmsweise vor Augen. Allerdings stützt diese Konstellation um so mehr die Behauptung, die Kunst diene der Repräsentation: Für den eintretenden Besucher gelangen Person und Bild gleichzeitig in den Blick, beides wird als Einheit wahrgenommen, wobei das Bild die Atmosphäre vorgibt, in der auch die Person begegnet. So wird es zum Deutungshintergrund für sie, fungiert aber auch als ihr Verstärker oder Stellvertreter. Ist der Manager oder Politiker abwesend, nimmt das Bild hinter dem Schreibtisch seine Rolle ein und signalisiert, wem der jeweilige Raum gehört.

Bildeigenschaften und Kunstmerkmale werden freilich nur selten ausdrücklich auf eine Person und ihren Charakter übertragen. Anstatt jemanden offen zu heroisieren, lanciert man lieber ein paar günstige Assoziationen, was meist ohnehin mehr Eindruck macht. Gängige Praxis ist es inzwischen jedoch, Kunst und Management direkt aufeinander zu beziehen. Dies geschieht vor allem, wenn das Interesse von Unternehmen für moderne Kunst erläutert werden soll. So stellt der Vorstandschef einer Bank in einer Dokumentation der unternehmenseigenen Kunstsammlung fest, »nicht nur in der Kunst, auch in der Wirtschaft« habe »das Neue es meist schwer, sich durchzusetzen. Mit ihrer Offenheit und Risikobereitschaft setzt die Gegenwartskunst Maßstäbe, die jene, die wirtschaftliche Verantwortung tragen, als Herausforderung begreifen sollten«.[15]

Formuliert ist hier die Vorstellung, moderne Kunst führe in Reinkultur vor, was ebenso eine erfolgreiche Unternehmensführung kennzeichne. So würdigt man Kunst als Avantgarde der Avantgarde und betraut sie mit einer Vorbildfunktion für eine Gesellschaft, der es insgesamt angeblich an Unternehmergeist mangelt. Als einer der ersten bestimmte 1973 Jürgen Ponto in einem Vortrag vor dem Kulturkreis im BDI diese Rolle der Kunst, stellte zahlreiche Gemeinsamkeiten zwischen ihr und der Wirtschaft fest und fand es deshalb nicht verwunderlich, »daß vor allem der Industrielle in besonderer Weise für die moderne Kunst aufgeschlossen sein mußte«. Denn: »Der Weg der Moderne kam seinem virulenten Interesse an der Entwicklung neuer Formen, seiner permanenten Neugier, seinem auf Progression eingestellten Rhythmus, entgegen. Er ist – richtig verstanden – immer der Progressive(...). War die Abstraktion für viele ein Hindernis vor dem künstlerischen Erlebnis, so war sie für ihn eher ein Spiel mit Modellen, mit Initialen und Chiffren, für neue Formen und neue Wege. «[16]

Solche mittlerweile inflationär gewordenen Umdeutungen von künstlerischem Avantgardestreben in Managementqualitäten sind allerdings nicht frei von historischer Komik, da sich die Künstler in der Moderne überwiegend in Opposition zur Gesellschaft begriffen: Autonomie der Kunst sollte auch heißen, möglichst nicht einmal vergleichbar mit anderem zu sein. Gerade dem Gebaren von Macht sowie der kapitalistischen ›Progression‹ stand man kritisch gegenüber, und Avantgarde wollte man sein, indem man geistige Werte gegenüber materiellen durchzusetzen suchte. Die Abstraktion war also eher eine Flucht aus dem bloß Diesseitigen und oft sogar mit der Hoffnung auf Transzendenz verbunden – somit weit davon entfernt, ein logistisches Planspiel mit Managementmodellen zu sein. Wenn Ponto und viele andere den künstlerischen Antiökonomismus ignorieren und schöpferisches Tun mit merkantiler Intelligenz gleichsetzen, trägt dies daher – zumindest aus der Sicht vieler Künstler – Züge einer feindlichen Übernahme: Was in der Geistesgeschichte spätestens seit dem 18. Jahrhundert auf entgegengesetzten Seiten stand und oft aus dem Kontrast zum jeweils anderen definiert wurde, soll nun auf einmal nicht nur miteinander vereinbar, sondern sogar verwandt sein. Damit wird im Grunde die beliebte und variationsreiche Rede von den ›zwei Kulturen‹ negiert, die das Selbstverständnis der Moderne wesentlich bestimmte.

Den Avantgardegestus der modernen Kunst zu kopieren, bietet den Führungskräften freilich sowohl Rückversicherung als auch Motivation: Den Leistungs- und Innovationsdruck, den sie spüren, brauchen sie nicht in kulturkritischen Topoi zu beklagen, und anstatt sich gehetzt zu fühlen und als entfremdet zu bedauern, ziehen sie es vor, vom Pathos der Kunst zu profitieren. Nüchterne Schlagworte wie »verschärfter Wettbewerb«, »Effizienzsteigerung« oder »Globalisierung« werden also in aufregendere Wendungen übersetzt, und man spricht lieber von Aufbruch und Dynamik, von Kreativität und Herausforderung.

Wertewandel

Die zunehmende Identifikation der Machtelite mit moderner Kunst läßt aber nicht nur eine neuartige und überraschende Allianz entstehen, sondern spiegelt auch einen Wandel oder sogar eine Revolution im unternehmerischen Selbstverständnis. Nachdem sich Industrielle und Bankiers bis in die zweite Hälfte des 20. Jahrhunderts oft in einer aristokratischen Traditionslinie gesehen und deshalb auf konservative Werte, auf Soigniertheit und ein gediegenes Ambiente Wert gelegt hatten, reklamieren sie heutzutage gesellschaftliche Macht und Autorität, indem sie sich als stark genug ausgeben, alte Strukturen zu überwinden und neue Denkmuster sowie kreative Arbeitsformen zu entwickeln. Dem Tempo einer technisierten und hyperkapitalisierten Welt folgen zu können, ist das primäre Ziel des Managers geworden, und daraus ergibt sich auch, wie er von der Öffentlichkeit wahrgenommen werden will.

Als diese Umorientierung in den 1980er Jahren einsetzte, boomten auffälligerweise auch gerade die Unternehmensberater, und sie dürften an dem Wertewandel nicht ganz unschuldig sein: Um eine attraktive und spannende Botschaft zu haben, aber auch, um die eigene Arbeit zu legitimieren, diagnostizieren sie nämlich mit Vorliebe eine immer komplexer, schneller und unübersichtlicher werdende Welt und vermitteln ihren Kunden den Eindruck, in einer außergewöhnlich wichtigen und ereignisreichen Zeit zu leben. Während sie die Vergangenheit und Gegenwart holzschnittartig und langweilig darstellen – als eintönige Vorherrschaft mechanisch-linearen Denkens –, wird Zukunftsneugier und Aufbruchsstimmung erzeugt sowie Pioniergeist geweckt: Alles werde sich ändern, ein neues Denken, eine neue Technik und schließlich ein neuer Mensch werde entstehen, und so müsse man sich auf Paradigmenwechsel einstellen.[17] Der Einstieg in diese kompliziert-metamorphotische Welt sei im übrigen nur mit Navigatoren zu schaffen, als die sich dieselben Berater beiläufig – und geschäftstüchtig – selbst anbieten.

Dabei recyclen sie Vokabular aus der Soziologie, Neurobiologie und Gehirnforschung, bereiten aber vor allem auch die Avantgarde-Muster des modernen Kunstbegriffs neu auf.

Infolge dieser Kultivierung einer Aufbruchsstimmung fühlt man in den Unternehmen mittlerweile eine Wesensnähe zu jeglicher Avantgarde, und es wird insbesondere der Nimbus der modernen und zeitgenössischen Kunst benutzt, um die neuen Werte zu sanktionieren. Überholt ist also, was Pierre Bourdieu noch in den 1970er Jahren feststellen konnte, nämlich daß die herrschenden und einkommensstärksten Milieus »bürgerliche Kulturobjekte zweiten Ranges [bevorzugen], die ihre einstige Geltung verloren haben oder Klassiker geworden sind«.[18] Zwar mag es bei Führungskräften eine Vorliebe für die Klassische Moderne geben, die bereits als etabliert gelten kann, doch dehnen die meisten Manager ihr Interesse mühelos bis in die jeweils aktuelle Gegenwartskunst aus; dabei unterscheiden sie nicht einmal zwischen moderner und zeitgenössischer Kunst, da beides für die meisten ohnehin dasselbe Image besitzt.

Die Identifikation mit der Avantgarde ist damit nicht mehr den Intellektuellen vorbehalten, was diese mit Unbehagen und Mißtrauen beobachten, da sie sich dadurch in ihrer Identität bedroht fühlen. Gerne trennten sie strikt zwischen ihrer Beschäftigung mit avancierter Kunst und dem entsprechenden Interesse der Machtelite: Handle es sich einmal um eine ernsthafte Auseinandersetzung mit jeweils neuen Inhalten oder Formprinzipien, liege im anderen Fall lediglich eine oberflächliche Faszination an einem schicken Habitus vor.

Solche Urteile sind zu pauschal, und es ist zuzugestehen, daß das Engagement für zeitgenössische Kunst von seiten der Manager das Bemühen ausdrückt, ihrem Selbstverständnis einen geeigneten Resonanzraum zu bereiten. Dabei sind häufig Art-Consultants behilflich, die, wie Helge Achenbach, auch genau wissen, was sie tun: »Früher signalisierten Firmen Seriosität, indem sie sich zumindest in den Vorstandsetagen mit Antiquitäten und Gemälden Alter Meister ausstatteten. Das Porträt des Firmengründers besetzte nicht selten den prominentesten Platz. Unter Beweis zu stellen, daß man auf eine lange Tradi-

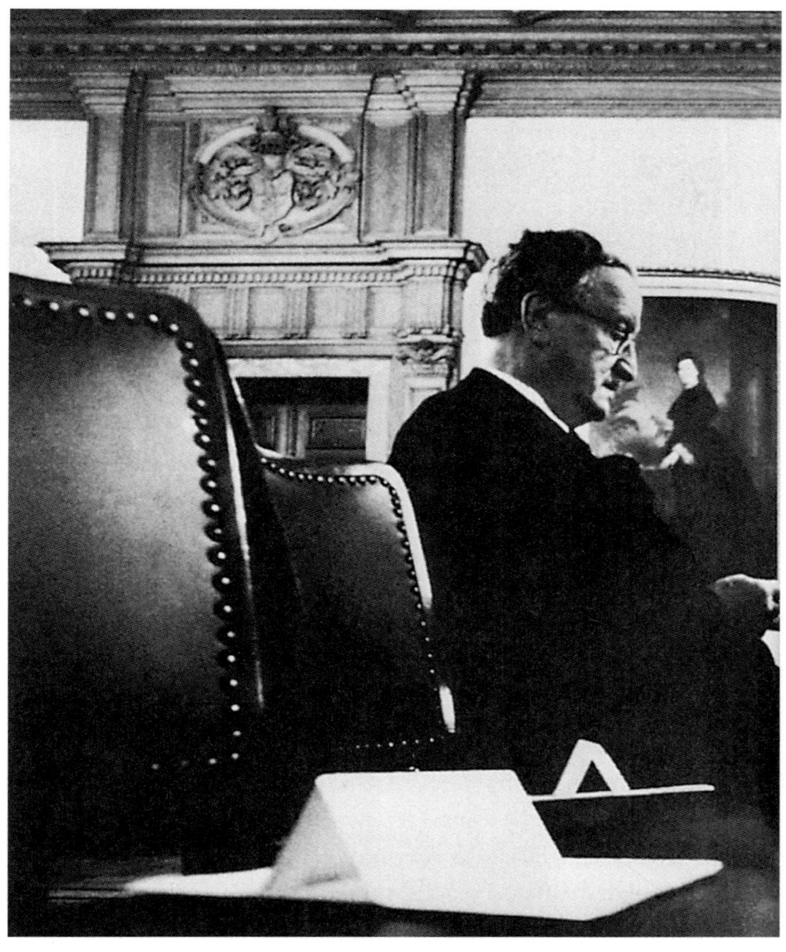

Abb. 2 Hermann Josef Abs (1968)

tion zurückblicken konnte, schien wichtiger zu sein als der Blick nach vorn. Heute dagegen entscheidet man sich für zeitgenössische Kunst. Wie einst die Alten Meister steht auch sie für ganz bestimmte Wertvorstellungen. Sie soll Modernität und Aufgeschlossenheit, Innovationsbewußtsein und Interesse an unkonventionellen Überlegungen signalisieren, Qualitäten also, die heute zur Corporate Identity jedes gut geführten Unternehmens gehören.« [19]

Noch vor wenigen Jahrzehnten war es also selbst für einen an moderner Kunst interessierten Vorstandssprecher der Deutschen Bank selbstverständlich und standesgemäß, in Räumen fotografiert zu werden, die Holzvertäfelung und einen offenen Kamin besaßen, mit Antiquitäten bestückt waren und als Wandschmuck neben Jagdtrophäen alte, goldgerahmte Gemälde aufwiesen *(Abb. 2)*. Nach wie vor besitzt die Deutsche Bank Werke alter Meister, verfügt ebenso über Bilder der Impressionisten oder Arbeiten von Paul Klee; doch mittlerweile steht man als Vorstandssprecher bei einem Fototermin lieber vor einem Stück zeitgenössischer Kunst (Abb. VIII). Alles andere könnte als Nostalgie und Übermaß an Traditionsverhaftung ausgelegt werden; zumindest kostet es Glaubwürdigkeit, ein Interview in einem musealen Ambiente zu geben, wenn man zugleich davon berichtet, was für gewaltige Umbrüche zu meistern seien und vor welch großen und riskanten Herausforderungen die Banken stünden. Da ist es besser, sich mit einer Arbeit von Günther Förg abbilden zu lassen, von dem es in einem Kommentar bewundernd heißt, »auf allzu sicheres Gelände wollte er sich nicht begeben«; ferner wird die »souveräne Präsenz«, die »Spannung« und »Dynamik« seiner Bilder hervorgehoben, die jeweils »eine Entscheidung gegen den Strich« seien.[20]

Allerdings wurden während der letzten Jahre in den Vorstandsbüros nicht nur die Bildhintergründe ausgetauscht. Auch die Jagdtrophäen, Holzvertäfelungen und Antiquitäten sind fast überall verschwunden und durch stromlinienförmige Designermöbel sowie weiße Wände ersetzt. Bei jungen Firmen dominieren von vornherein Stahl und Glas, und man protzt mit Stücken, die ihre eigene Modernität zelebrieren (Abb. IX), während es früher üblich war, gesellschaftlichen Status und Erfolg dadurch zu beweisen, daß man sich mit Erbstücken und über Generationen hinweg Gealtertem umgab, das Kontinuität bezeugen oder gar Ewigkeit verheißen konnte. Eine Familie, der es gelang, wertvolle Möbel oder andere Schätze für lange Zeit in ihrem Besitz zu bewahren, so daß sie bereits Patina angesetzt hatten, bewies, sich auch in wechselhaften und schwierigen Verhältnissen souverän behauptet zu haben. Patina strahlte Herrschaft und Stärke aus und sorgte zudem für eine Stabilität gesellschaftlicher Hierarchien: Selbst für den erfolgreichsten Newcomer war es unmöglich, innerhalb einer Generation aufzusteigen, da sein Erfolg gleichsam noch unbewiesen war und nicht die Dignität patinierender Dauer besaß.[21]

In einer Zeit steter technischer Innovation und inmitten einer Konsumhochkultur findet hingegen mehr Anerkennung, wer es schafft, sich mit dem jeweils Neuesten zu umgeben: Dies setzt ökonomische Potenz voraus und verlangt zudem die Fähigkeit, immer die aktuellen und rasch wechselnden Moden und Trends zu erkennen, wozu man sich vielleicht eigens einen Art-Consultant oder Stilberater leistet. Insgesamt fasziniert heutzutage rascher Erfolg mehr als kontinuierlich behauptete Macht. »Wenn du Erfolg hast, fragt dich keiner, wo du herkommst« – lautete im Frühjahr 2000 ein Werbeslogan für das *Handelsblatt*, illustriert mit dem Bild eines Unternehmers, der vor einer weißen Wand inmitten von Computer-Monitoren auf einem schlichten Ledersofa Platz genommen hat. In Abkehr vom einstigen Patinakult sind heutzutage glatte und am besten strahlende Oberflächen gewünscht, die entsprechend pflegeaufwendig sind und in denen man sich vielleicht sogar spiegeln kann – dies ein Effekt, den sich auf das Management spezialisierte Fotografen nur selten entgehen lassen. Um so besser, wenn ein Vorstandsmitglied dann noch unter einem bunt leuchtenden Werk aktueller Kunst sitzt, dessen Farbkraft ebenfalls Neuheit und Dynamik ausstrahlt (Abb. X).

Da sie leichter als modern wahrgenommen werden, sind grelle und großflächige Gemälde auch beliebtere Statussymbole als Skulpturen oder Installationen, die oft erst auf den zweiten Blick als Kunst zu erkennen sind. Tatsächlich hat das durchschnittliche Gemäldeformat in den letzten Jahrzehnten erheblich zugenommen, und viele Künstler haben darauf reagiert, daß ihren Werken nicht nur große Wertschätzung und damit viel Raum zugestanden wird, sondern daß sie mit groß dimensionierten Bildern auch die Erwartungen ihrer Kunden besser erfüllen, die Kunst so plakativ und unübersehbar wie möglich vorführen wollen. Als Kunstfotograf hat man sogar fast nur dann eine Chance, etwas an Unternehmen zu verkaufen, wenn man Prints in Quadratmetergrößen anbietet. Doch sind Fotografien als Kunst bei vielen nach wie vor eher unbeliebt, weil sie deren Kunstcharakter nicht als hinreichend signalhaft empfinden. Zudem sind Fotos meist durch Inhalte definiert, anstatt einfach positive Farb- und Gefühlswerte zu vermitteln, wie es bei Gemälden etwa ein gestisch-breiter Pinselduktus schafft, in dem sich Dynamik und Entschlossenheit ausdrücken. So fanden zu Beginn der 1980er Jahre die in der Tradition des Expressionismus stehenden sogenannten Neuen Wilden besondere Aufmerksamkeit bei Banken und Unternehmen. Ihre großformatigen und heftigen Bilder wirkten wie Sprengstoff auf die tradiert-gediegene Ausstattung von Konferenzräumen oder Vorstandszimmern; damit bereiteten sie die Grundlage für die bald darauf einsetzende Ästhetisierung von Flexibilität, Umbruch und Innovation. Dem Fotografen des Sitzungssaals der Deutschen Bundesbank (Abb. XI) scheint nicht entgangen, wie das Fluchtwegschild direkt neben einem Gemälde von A.R. Penck deshalb auch zur Allegorie wird: Die rennende Figur bemüht sich, der in Form schematisierter Flammen dargestellten explosiven und umstürzenden Kraft der Kunst zu entkommen.

In welchem Ausmaß moderne Kunst einen Gegenentwurf zum Wert der Patina bietet, zeigt sich auch daran, daß sie nicht mehr primär als langfristige Wertanlage erworben wird. Spielten in den 1970er Jahren Rendite-Erwägungen noch eine zentrale Rolle, ist dies mittlerweile lediglich ein sekundärer Aspekt: Wie ein Kunstwerk wohl altern wird und ob es überhaupt zeit- und wertbeständig ist, bleibt oft unbedacht; vielmehr will man ein klares Zeichen für die Gegenwart setzen. Insofern stehen viele Banken und Firmen in den nächsten Jahrzehnten auch vor einer doppelten – und für sie neuen – Herausforderung. Zum einen müssen sie entscheiden, wie sie mit der häufig tatsächlich rasch und unglücklich alternden Kunst umgehen, die von Künstlern stammt, denen die Patinafähigkeit ihrer Arbeit ebenfalls kein Wert ist. Andererseits haben sie sich der Frage zu stellen, wie sie der absehbaren Musealisierung ihrer Sammlungen begegnen sollen. Bald sind Strömungen wie die Neuen Wilden Kunstgeschichte, weshalb ihre Werke als Bildhintergrund für Manager auch immer weniger Risikobereitschaft und Innovation ausstrahlen. Wird man sich der Historisierung widersetzen und neue Arbeiten erwerben, um dem eigenen Avantgardeanspruch nachzukommen? Doch hat man auch das Geld, um in jedem Jahrzehnt die jeweils modernste Kunst – zu hohen Preisen – einzukaufen? Oder wird hier mancher zum Opfer des neuen Statussymbols der Aktualität werden und dem fortwährenden Neuerungsdruck nicht standhalten können? Oder wird man vielleicht sogar schon bald andere Statussymbole der Kunst vorziehen? Doch was soll dann mit den abgehängten Werken geschehen? Werden Museen für sie eingerichtet, werden sie archiviert, verkauft oder dem Verfall preisgegeben?

Die Virulenz dieser Fragen wird dadurch etwas gemildert, daß die Unternehmen zeitgenössische Kunst nicht nur erwerben, um sich als kreativ und zukunftsorientiert zu profilieren. Vielmehr steht sie als Statussymbol ebenso für bildungsbürgerliche Ideale wie Humanität, Wahrheit oder Ganzheit. Viele proklamieren vielleicht nur deshalb so offensiv Mobilität, Innovation und Risiko, weil sie mit der Kunst ein Symbol dafür zur Verfügung haben, das nicht nur Blitz, sondern zugleich Blitzableiter ist. So erfüllt zeitgenössische Kunst in Banken und Firmen genau genommen eine Doppelfunktion: Insoweit sie modern oder gar befremdlich und ungewohnt wirkt, signalisiert sie Umbruch und Dynamik; sofern sie aber überhaupt als Kunst erkennbar ist, stellt sie ein Bekenntnis zur kulturellen Tradition dar und erscheint als Garant zeitloser Werte. Ist sie einmal nicht mehr aktuell, besitzt sie also immer noch ein repräsentatives Potential und muß nicht zwangsläufig wertlos werden.

Entsprechend dieser Doppelfunktion beurteilt man jemanden, der sich vor einem Werk moderner Kunst fotografieren läßt, gleichermaßen als kompromißlos *und* vertrauenserweckend, unnahbar *und* urban, streng auf Effizienz bedacht und doch dem Zweckfreien und der Muße zugetan. So adelt und erdet moderne Kunst die Rhetorik des Aufbruchs, wobei diese Ausstrahlung gegensätzlicher Fähigkeiten sogar noch mehr beeindruckt und noch heroischer erscheint, als es die mit der Avantgarde assoziierten Eigenschaften für sich allein tun könnten. Zumindest Unternehmer und Manager genießen ein solch erhabenes Image, das ihnen ebensoviel Augenmaß wie Entschiedenheit zubilligt.

Politiker hingegen müssen genauer darauf achten, wie sie sich der Öffentlichkeit präsentieren. Die Aura von Überlegenheit kann nämlich auch abschrecken, und es lassen sich damit nur schwer demokratische Mehrheiten gewinnen. Vielmehr ist für einen Politiker wichtig, als einer aus dem Volk wahrgenommen zu werden; deshalb sollte er sich hinsichtlich Outfit und Ambiente nicht zu weit von seinen Wählern entfernen. Nach wie vor erwirbt vielmehr am meisten Sympathie, wer sich etwa bei einer Werks- oder Baustellenbesichtigung in der jeweiligen Arbeitskluft oder mit Bauhelm fotografieren läßt.

Auf einem Foto nur zusammen mit moderner Kunst aufzutauchen, kann einem Politiker hingegen – ähnlich wie besonders teure Kleidung – den Ruf eintragen, sich zu sehr vom Gros der Bürger zu distanzieren, in deren Lebensalltag solche Accessoires überhaupt nicht vorkommen. Wollen Politiker dem Volk zudem Vertrauen in die Institutionen vermitteln und den Glauben an die staatliche Integrität, Solidität und Hoheit gewährleisten, sollte das Ambiente, in dem sie auftreten, eher traditionell gestaltet sein. Daß auch der einfache Bürger eine emotionale Bindung dazu aufbauen kann und sich gut aufgehoben fühlt, ist wichtiger als der Eindruck energischen Anpackens und ständigen Umwälzens. Insbesondere für Politiker, die ihre Rolle als integrativ und vermittelnd verstehen, eignen sich als älter und gediegen erkennbare Bilder besser zum Accessoire als zeitgenössische Kunst *(Abb. 3)*. Bei Ereignissen wie Staatsbesuchen werden ebenfalls an traditionelle – häufig sogar noch höfische – Repräsentationsformen von Macht erinnernde Inszenierungen bevorzugt, was die Anwesenheit avantgardistischer Kunst ausschließt *(Abb. 4)*. Die gewisse Umständlichkeit der Rituale und die Antiquiertheit des gewählten Formklimas wirkt hierbei – gerade als Gegensatz zum dynamisch-vorwärtsorientierten Auftreten anderer Führungskräfte – wie ein anheimelndes Historienspiel.

Andererseits paßt es für einen Kanzlerkandidaten, seine Forderung nach einem Neuanfang dadurch zu untermalen, daß er sich vor ein Werk zeitgenössischer Kunst stellt (Abb. I). Damit offeriert er sich seinem Publikum wie ein forscher Unternehmer und stellt einen Politikstil in Aussicht, der eher Management als Moderation, eher ein Machen als

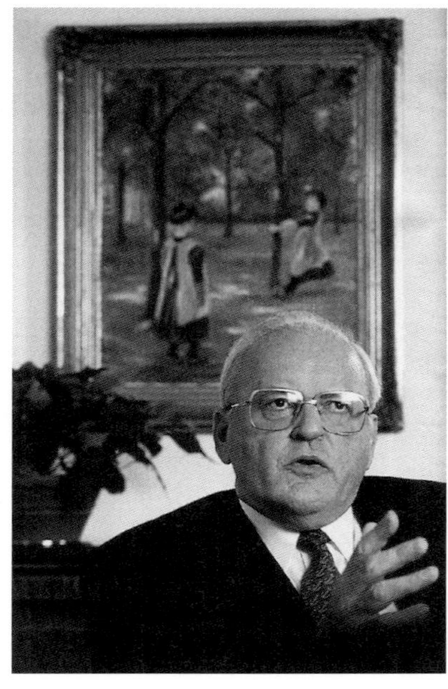

Abb. 3 Roman Herzog (1996)

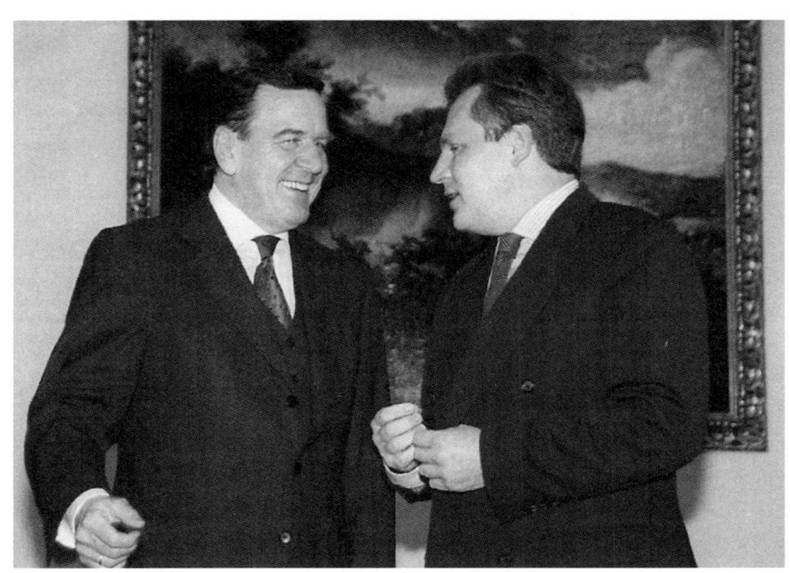

Abb. 4 Gerhard Schröder und Aleksandar Kwasniewski (1998)

ein Dienen verfolgt. Viel mehr als um konkrete Ideen geht es dabei um den Gestus, weshalb ein zeitgenössisches Gemälde im Hintergrund auch in etwa die Rolle einnimmt, die sonst einem Parteitagsslogan zukommt: Wie dieser aus einer Permutation von auratischen Vokabeln – ›Zukunft‹, ›Aufbruch‹, ›Modernität‹ – besteht, erzeugt gerade konstruktivistische oder gestische Kunst primär eine Stimmung. Selbst wenn sie in Form oder Farbe grell und provokant auftritt, exponiert sie nichts und niemanden. Wer sich vor sie stellt, braucht sich auf keine Aussagen festzulegen, sondern profitiert davon, daß Kunst, zumal wenn sie abstrakt ist oder ihre Sujets einem prägnanten Stil unterwirft, Kreativität, Vitalität oder Aufbruch ›an sich‹ verheißt.

Daraus ließe sich sogar der weiterreichende Schluß ziehen, daß Arbeiten der Gegenwartskunst als Leerformeln für Entschlossenheit und Postulate engagierten Handelns ein dezisionistisches Politikverständnis unterstützen: Suggeriert wird, Aktivität als solche sei wichtig und wichtiger als das, worauf sie sich richtet. Dies entspricht aber zugleich einer (post)modernen Rhetorik der Macht, erscheint doch in einer Mediendemokratie und in Zeiten institutioneller Komplexität die Fixierung auf ein bestimmtes Programm ohnehin altmodisch und unklug; Visionen steht man skeptisch gegenüber und ist utopiemüde geworden. Dafür wird Pragmatismus propagiert, und man praktiziert Flexibilität und Entschlußfreude, indem man sich am jeweils aktuell Gebotenen sowie an mutmaßlichen Mehrheitsmeinungen orientiert. So sind Werke moderner Kunst schließlich auch an die Stelle von Landesflaggen oder Wappen getreten, und auf das Bekenntnis zu einer nationalen, regionalen oder familiären Identität folgt die Identifikation mit formalen Tugenden wie Vitalität, Mut oder Vorwärtsorientierung.

In Unternehmen, die sich, als relativ junge Institutionen, meist erst seit kurzem um die Ausprägung einer eigenen Firmenkultur bemühen, weitet sich die Rolle eines Kunstwerks sogar oft vom Statussymbol zum Firmensymbol aus: Im Foyer der Zentrale plaziert, wird es zu einem der wichtigsten Faktoren der Corporate Identity. Stellt sich ein Vertreter des Unternehmens für ein Foto vor ein solches Kunstwerk, erscheint er entsprechend als zuverlässiger Statthalter der Unternehmens-

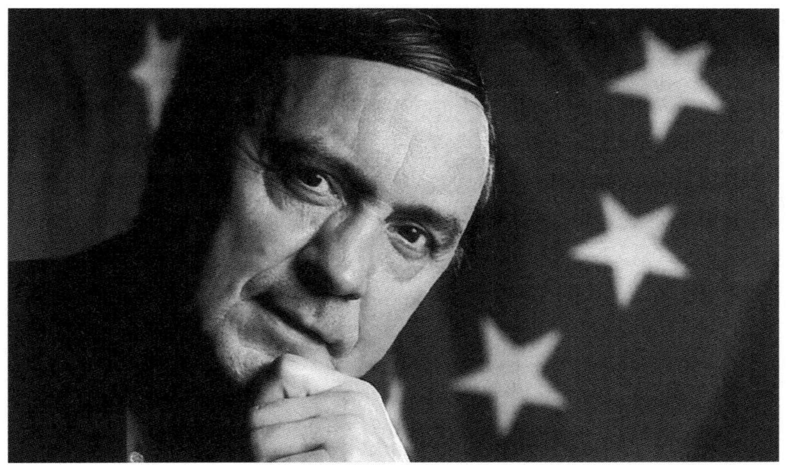

Abb. 5 *Karel van Miert* (1997)

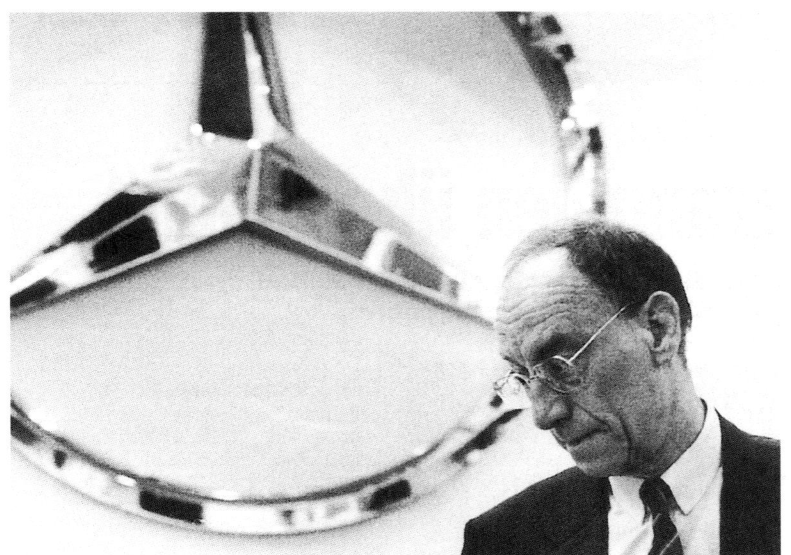

Abb. 6 *Edzard Reuter* (1989)

philosophie (Abb. XII). Die Ausstrahlung der Kunst kommt ihm dabei voll zugute, und diese gerät schließlich sogar noch zu einem weltlichen Nachfahren des Heiligenscheins, wozu sie sich auch viel besser eignet als eine Europa-Flagge *(Abb. 5)* oder ein Mercedes-Stern *(Abb. 6)*, die beide lediglich illustrativ und nicht sehr subtil sind. Angesichts des seit langem schlechten Images von Unternehmern (und auch Politikern) ist dieser Nimbus-Effekt der Kunst aber um so wertvoller: Verdächtigt man die Mächtigen üblicherweise, unaufrichtig und korrumpierbar zu sein, verhilft ihnen die Kunst dazu, auf einmal authentisch und nobel zu wirken. Deshalb könnte ein Imageberater, der vor der Aufgabe steht, für einen Machtrepräsentanten eine Ikonographie des Erfolgs zu entwickeln, auch kaum Besseres empfehlen als moderne Kunst zum Accessoire und Hintergrund.

Machtgesten

Aber moderne Kunst besitzt noch weitere Eigenschaften; vor allem kann sie exklusiv-hermetisch und spröde-distanzierend wirken und damit denjenigen, dem sie ein Feedback bietet, so weit herausheben, daß nicht nur sein Profil vorteilhaft geschärft, sondern ebenso seine Macht untermauert wird. Ratlosigkeit, Befremden und Unsicherheit, aber auch Mißtrauen sind, schon seit dem späten 19. Jahrhundert, typische Reaktionen bei Besuchern von Ausstellungen mit Gegenwartskunst. Im Zuge ihrer Autonomisierung mußte diese nämlich jeweils erst legitimiert werden, und dabei genügte es vielen Künstlern nicht mehr, lediglich eine Zuständigkeit für das Schöne zu haben. Ehrgeizig wurde die Kunst vielmehr philosophisch und metaphysisch aufgeladen und zur Keimzelle wahren Lebens erklärt: Sie sollte der Welt nicht gefallen, sondern sie verbessern. So hieß ›Avantgarde‹ fast immer, etablierte Geschmacksvorstellungen infragezustellen und etwas als die richtige Form oder den gemäßen Ausdruck zu propagieren, was dem Empfinden einer Mehrheit zuwiderlief. Dennoch wurde diese der Kunst nie wirklich überdrüssig, und die Künstler konnten sich fortgesetzt Provokationen leisten, weil insbesondere das Bildungsbürgertum einen von Sinnerwartungen aufgeladenen Begriff von Kunst besaß, selbst an deren Mission glaubte und deshalb, trotz gelegentlicher Zweifel, als höhere Offenbarung zu akzeptieren versuchte, was in ihrem Namen dargeboten wurde.[22] Gerne interpretierte man die Rebellion und Widrigkeit der modernen Kunst sogar als Signum ihrer Innovationskraft und Wahrhaftigkeit oder fühlte sich dadurch geläutert.

Auch wenn die Nachfolger der Heldengeneration der Klassischen Moderne weitgehend ohne metaphysische Absoluta auskommen und ihre Energien nicht mehr aus Phantasien totaler Revolution schöpfen, haben sie sich bis heute so viel Avantgardestolz bewahrt, daß sie den Mehrheitsgeschmack weiterhin auf die Probe stellen oder sogar brüskieren wollen. Zu irritieren und zu verunsichern gilt ebenso als Ziel wie als Qualität der Kunst. Zugleich hält sich die Auffassung, mit Beharrlichkeit, Sensibilität oder ein wenig Anstrengung könne es auch einem Kunstlaien gelingen, anfängliche Distanzgefühle zu überwinden. Zeitgenössische Kunst nicht zu schätzen, ist damit fast gleichbedeutend dem Eingeständnis, sich als Rezipient zu wenig darum bemüht zu haben oder aber von ihren Ansprüchen überfordert zu sein.

Dieses etwas angespannte Verhältnis gegenüber moderner Kunst beeinflußt auch die Einschätzung derer, die sich zu ihr bekennen: Ein Politiker oder Wirtschaftsführer, der vor einem Werk der Gegenwartskunst fotografiert wird und vorgibt, sich damit zu identifizieren, kann sicher sein, daß man ihn für besonders hartnäckig, intelligent, leistungsfähig und gebildet hält. Wer sich, offenbar erfolgreich, auf die »schroffe Andersartigkeit« der Kunst einläßt[23], bekommt also wiederum positive Charaktereigenschaften attestiert. Entsprechend suchen viele Führungspersönlichkeiten, vom Vorstandssprecher der Deutschen Bank (Abb. VIII) bis zur Juso-Vorsitzenden (Abb. XIII), die Nähe zu einem Stück moderner Kunst, um ihre Position zu bekräftigen. Dabei werden jedoch nicht nur die mutmaßlichen Qualitäten moderner Kunst auf die Person übertragen, die sich damit umgibt, sondern es ist gerade auch der unterstellte Sachverstand für sie – gleichsam ihre Beherrschung –, was Anerkennung findet und besondere Fähigkeiten vermuten läßt.

Diese doppelte Qualifizierung ihrer Besitzer und Sympathisanten läßt moderne Kunst innerhalb einer Typologie der Statussymbole heutzutage ungefähr den Platz einnehmen, den früher und über Jahrhunderte hinweg das Pferd besessen hat. Eindeutiger und repräsentativer als alles andere galt es spätestens seit den Herrscherbildern von Velázquez als Zeichen der Macht und »lebender Thron« *(Abb. 7):* So sollten die ›Tugenden‹ des Pferds, seine Dynamik und Kraft, seine edle Gestalt und Geschmeidigkeit ebenso den Fürsten charakterisieren, der sich als stolzer Reiter präsentierte. Dabei stellten die Maler das Pferd meist in der Levade dar, zeigten es also aufgerichtet, mit erhobenen Vorderläufen, was seine Energie und sein ungestümes Wesen sichtbar macht, an-

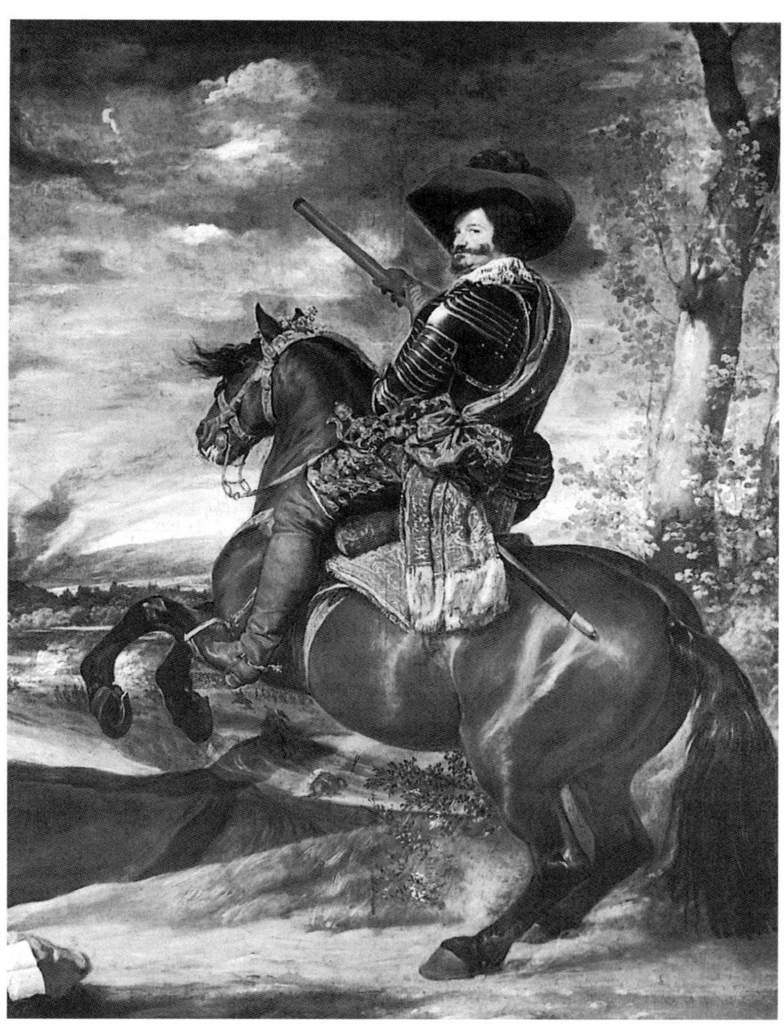

Abb. 7 Diego Velázquez *Reiterbildnis des Grafen Olivares* (um 1633)

dererseits jedoch auch demonstriert, daß der Reiter das Pferd zu beherrschen versteht: Es geht ihm nicht durch, bäumt sich höchstens kurz auf, bleibt aber immer unter Kontrolle und wirkt, nur auf den Hinterläufen stehend, sogar besonders elegant. Und damit werden dem Reiter – und Fürsten – nicht nur dieselben Eigenschaften wie dem Pferd zugesprochen, sondern man hält ihn auch für befähigt, seine Untertanen ebenso gekonnt und umsichtig zu führen wie das Tier.[24] Je weniger Anstrengung es kostet, ein Pferd zu reiten, desto eindrucksvoller erscheint die Körperbeherrschung und die Führungsstärke des Reiters. So gelingt es auf den Herrscherbildern dem Reiter fast immer, das Pferd allein mit der linken Hand am Zügel zu nehmen; die Rechte, oft ausgestreckt, hält hingegen ein Szepter, mit dem die Marschrichtung angezeigt wird. Also verkörpern die Herrscher zu Pferde Aufbruch, Dynamik und Befehlsgewalt und insofern sogar ähnliche Qualitäten wie die Führungskräfte, die sich vor ein Werk moderner Kunst stellen und damit kundtun, komplexe Sachverhalte zu durchdringen und sich auch in schwierigem Umfeld sicher zurechtzufinden.

Aber woher soll man wissen, ob der Ausstattung von Arbeitszimmern und Konferenzräumen mit zeitgenössischer Kunst tatsächlich besondere Fähigkeiten hinsichtlich der Aneignung von etwas Fremdem zugrunde liegen? Es könnte sich hierbei, wie bei Klassikerausgaben im Bücherregal oder bei einem Theaterabonnement, um ein bildungsbürgerliches Pflichtprogramm und um Imponiergehabe handeln, das mehr kulturelle Kompetenz und Aufgeschlossenheit vorspiegeln soll, als tatsächlich vorhanden sind. Dagegen läßt sich einwenden, daß der Erwerb von Kunst ein erheblich größeres finanzielles Engagement verlangt als sonstige kulturelle Aktivitäten. Spätestens seit in den 1980er Jahren die Preise gerade für zeitgenössische Kunst kräftig zulegten, kosten einzelne Arbeiten von Künstlern aus der zweiten oder dritten Reihe schon so viel wie ein Mittelklassewagen; das Werk eines modernen Malerfürsten oder Kunststars besitzt gar den Wert eines Einfamilienhauses.

Ob jemand also so viel Geld ausgäbe, nur um den Anschein zu wahren, zur kulturellen Elite zu gehören? Das gilt als unwahrscheinlich, und deshalb wird der Einsatz hoher Summen für moderne Kunst als Beweis wirklichen Interesses – und Verstehens – oder sogar als beinahe existenzialistische Konfession akzeptiert: Wenn es bereits den Charakter eines Bekenntnisses besitzt, sich zusammen mit Gegenwartskunst fotografieren zu lassen, dann verbürgt ihr Kauf um so mehr Sachkunde. Allerdings ist fast nie klar, ob die mit Kunst porträtierten Machtrepräsentanten vor ihrem persönlichen Eigentum stehen, oder ob hierbei etwas als Kulisse dient, das dem Staat oder der Firma gehört, für die sie tätig sind. Letztlich bedeutet dies jedoch keinen großen Unterschied: Zwar zeugt es von größerer Wertschätzung, wenn jemand sein privates Vermögen in eine Sache steckt, doch andererseits weist der Ankauf durch eine Institution darauf hin, daß das Interesse für zeitgenössische Kunst nicht nur die Idiosynkrasie eines einzelnen ist, sondern von einem gesamten Vorstand oder breiteren Gremium geteilt wird.

Der Kunstlaie und einfache Angestellte, der unsicher ist, wie er sich moderner Kunst gegenüber verhalten soll, und dessen Gefühlshaushalt ohnehin zwischen Selbstzweifeln und Mißtrauen zu schwanken droht, staunt über so viel – scheinbar selbstverständliche – Identifikation von seiten seiner Vorgesetzten, die ja eigentlich auch nicht professionell mit Kunst zu tun haben. Käme er ins Grübeln, gelangte er wohl zu dem Schluß, seine latenten – kaum einmal offen ausgesprochenen – Vorbehalte gegenüber Gegenwartskunst müßten unberechtigt sein, und er hätte sich dafür einzugestehen, selbst überfordert zu sein – ausgeschlossen von den Einsichten und Freuden, die moderne Malerei oder Skulptur anderen offenbar zu gewähren vermag.

Wer sich zusammen mit zeitgenössischer Kunst präsentiert, kann also einschüchtern und bei einer Mehrheit bereits angelegte oder vorhandene Minderwertigkeitsgefühle – aber auch Ressentiments – bestärken. Auf diese Weise erlangt moderne Kunst im Umfeld von Machtzentren eine wichtige Funktion: Sie bestätigt bestehende Hierarchien. Insbesondere wirkt sie als Barriere gegenüber denjenigen, die sich an den Mächtigen orientieren, also gegenüber Vertretern einer bürgerlichen Mittelschicht, die sich ebenfalls bevorzugt über Bildung, Einsatz oder Mobilität definiert. Der Vorstandssprecher oder Spitzenmanager, der vor der Arbeit eines zeitgenössischen Künstlers routiniert lächelt, demonstriert Überlegenheit gegenüber jedem Angestellten, der seine Schwierigkeiten angesichts derselben Arbeit kaum verleugnen kann. Und so dehnt sich das Gefühl, der Kunst nicht gewachsen zu sein, auf das Verhältnis zum Vorgesetzten aus: Dieser steht nicht nur über einem, sondern er steht dort auch zu Recht, denn er verfügt offenbar über eine intellektuelle Kompetenz, die einem selbst abgeht.

Kein Vorstandsmitglied gäbe freilich zu, moderne Kunst als Herrschaftszeichen einzusetzen, und es ist sogar unwahrscheinlich, daß dies mit Absicht geschieht. So wie die Mehrheit eingeschüchtert reagiert, fasziniert die Mächtigen vielmehr, qua Wahlverwandtschaft, der hohe – und hoheitsvolle – Status, den Kunst genießt und den sie demonstriert, indem sie sich gerade nicht gefällig gibt. Kunst zu erwerben, ist deshalb Ausdruck des Wunsches, sich ihr Prestige und ihre Eigenart so gefügig zu machen, daß beides der eigenen Person zugute kommt. Dabei hält ein Raum, der aufgrund seiner Ausstattung – gerade mit Kunst – erhaben oder streng wirkt, nicht nur Außenstehende auf Distanz, sondern beeinflußt ebenso diejenigen, die darin wohnen oder arbeiten; er vermittelt Stärke, Sicherheit und Selbstbewußtsein.[25] Sich mit einer Machtinsignie wie moderner Kunst zu umgeben, trägt somit auch dazu bei, sich der eigenen Macht zu vergewissern und sie zu behaupten.

Da die exklusive Kraft der Kunst vor allem darauf beruht, bei einer Mehrheit Zweifel an den eigenen intellektuellen Fähigkeiten aufkommen zu lassen, tritt das bei anderen Statussymbolen dominante Motiv einer Bekundung von Reichtum in den Hintergrund: Um große Häuser, Schmuck, Antiquitäten, um luxuriöse Reiseziele oder teure Speisen und Getränke beneidet der kleine Mann die Vermögenden – er teilt hier ihre Wertvorstellungen –, und so führen ihm solche Statussymbole auch immer wieder seine finanzielle Unterlegenheit vor Augen und machen ihn entsprechend demütig. Mit moderner Kunst suggerieren die Reichen und Mächtigen jedoch, daß sie über ökonomische Unterschiede hinaus ›ganz anders‹ sind als der Durchschnitt und daß sie Fähigkeiten und Vorlieben haben, die der Mehrheit abgehen und die es sogar rechtfertigen, diese geringzuschätzen. Entsprechend imponiert den von der Macht Ausgeschlossenen weniger, daß jemand genügend Geld besitzt, um sich moderne Kunst leisten zu können, als vielmehr daß er über die Voraussetzungen verfügt, daran Gefallen zu finden.

So kann man – etwas überspitzt – moderne Kunst sogar als neue Waffe im Arsenal der Wehr- und Einschüchterungstechniken bezeichnen. Sie steht in der Nachfolge von Raumfluchten auf Schlössern, in die sich ein Audienzsuchender zu begeben hatte, um von einem Opponenten in einen Bittsteller verwandelt zu werden. Meist war es unermeßlicher und nie gesehener Prunk, der dies bewirkte. Aber auch hier kam bereits Kunst zum Einsatz, die sich jedoch, eingebunden in eine höfische Kultur und allgemeinen Schönheitsidealen verpflichtet, noch nicht von anderen Statussymbolen unterschied. Sie dürfte kaum einmal befremdet oder kulturelle Minderwertigkeitskomplexe ausgelöst haben, sondern weckte viel eher Neid und Bewunderung bei denen, die sich solchen Glanz nicht leisten konnten und die so ihre eigene Armut erbarmungslos vorgeführt bekamen.

In seiner Komödie *Grieche sucht Griechin* (1955) schildert Friedrich Dürrenmatt, wie »einschüchternd« Kunstwerke aus der Tradition auf einen Unterbuchhalter wirken, der eines Tags unvermutet zum Chef des großen Rüstungsunternehmens vorgeladen wird, in dem er arbeitet. Die Fahrt mit dem Aufzug in die oberste Etage, in der der Chef mit freiem Blick über die Stadt residiert, wird zur Rückwärtsfahrt durch die Kunstgeschichte, hin zu immer noch wertvolleren und schöneren Werken: Auf Impressionisten folgen, etwas höher, Werke von Poussin, Watteau und Lorrain, schließlich – bereits auf der Chefetage – stehen gotische Madonnen und antike Vasen. Im Allerheiligsten selbst hängt ein Frauenakt von Tizian: »Nichts erinnerte mehr an die Herstellung von Atomkanonen und Maschinengewehren«; vielmehr hat sich der Unternehmer mit der Kunst seine Unschuld zurückgekauft und erscheint ebenso feinsinnig wie human: Mit einer »Dünndruckausgabe der Gedichte Hölderlins« tritt er dem Buchhalter entgegen, für den die reine und gute Kunst-Welt, in die er plötzlich versetzt ist, nichts mehr zu tun hat mit der Welt, »der er eben entstiegen war, die nun tief unter ihm lag wie ein böser Traum«.[26]

Dürrenmatts ironische Kritik am Einsatz von Kunst und Schönheit zur Inszenierung materieller wie moralischer Überlegenheit zitiert auch Wolfgang Fritz Haug in seiner *Kritik der Warenästhetik* (1971), in der er solche Instrumentalisierungen aus marxistischer Sicht verurteilt. Sein Vorwurf lautet, es werde »der bestimmende Zweck des Unternehmens, der Profit, versteckt unter dem Glanz der Kunst«. Diese werde »in Dienst genommen als Blendwerk zur Erzeugung des Scheins, die Herrschaft des Kapitals sei legitim und sei gleichbedeutend mit der Herrschaft des Guten, Wahren, Schönen usw. So können Kunstwerke als ein Mittel unter anderen der Verdummung fungieren«.[27] Was hier für den Umgang mit traditioneller, ›schöner‹ Kunst festgestellt wird, hat sich dadurch verändert, daß mittlerweile nicht mehr unter Firnisschichten ehrwürdig nachgedunkelten Gemälden, sondern zeitgenössischer Kunst das primäre Interesse zukommt. Während diese aber vor allem intellektuelle Distanz und Überlegenheit manifestiert, helfen die ideellen Werte, die sie nach wie vor repräsentiert, dabei, jene Machtgeste zu kaschieren und mit dem Nimbus des Untadeligen zu überblenden. Aus einer Einschüchterung, die daraus resultiert, überwältigt zu sein von teurer Kunstpracht und reiner Schönheit, ist also eine Einschüchterung geworden, die durch Unsicherheit und die Befürchtung entsteht, der Kunst – und ihren Besitzern – in allen Belangen unterlegen zu sein.

Als Accessoire auf einem Porträtfoto kann moderne Kunst sogar Platzanweisung betreiben. Dabei übt das Foto, als zeitgenössische Ausprägung des Herrscherbilds, eine Macht aus, die für ein Zeitalter, das sich selbst als aufgeklärt bezeichnet, nicht angemessen ist und eher zum Absolutismus paßt. So formulierte der Kunsttheoretiker Roger de Piles 1708, bei Herrscherbildern sei es, als wenn sie »uns selbst anredeten, und zu uns sprächen: z. E. Halt, siehe mich an, ich bin der unüberwindliche mit Majestät umhüllte König; Ich bin dieser tapfere Feldherr, der an alle Orte Schrecken hinbringt; oder auch, der durch sein gutes Betragen so viel wichtige Unternehmungen glücklich ausgeführt hat...«[28]

In Übereinstimmung mit dieser Hoheitsgeste ist für das 18. Jahrhundert die Benimmvorschrift überliefert, es dürfe einem Herrscherbild »im Sitzen nicht leicht der Rücken zugewendet werden, auch niemand in dem Zimmer, wo das Bildniß eines regierenden Potentaten befindlich, mit bedecktem Haupte (...) erscheinen darff«.[29] Noch 1791 mußte der Münchner Rat vor einem Porträt des Kurfürsten niederknien, um ein Vergehen gegen die herrscherliche Würde zu sühnen.[30] Das Bild war hier unmittelbarer Repräsentant der Person, weshalb es auch nicht als Kunstwerk, etwa hinsichtlich seiner Ikonographie, analysiert werden durfte. Erst mit dem Ausstellungswesen, wie es zuerst im späten 18. Jahrhundert in Frankreich aufkam, entstand ein neues und emanzipierteres Verhältnis zu Staatsporträts; diese wurden nun von einer bürgerlichen Öffentlichkeit ausdrücklich als gemalte Bilder diskutiert und büßten dadurch an Macht ein.[31]

So ein reflektiertes Bildverhältnis besteht jedoch gegenüber den in Magazinen abgedruckten Fotografien heutiger Machthaber keineswegs: Sie werden fast niemals eigens als Bilder wahrgenommen, die auf eine bestimmte Art arrangiert sind und dabei einer Rhetorik der Macht folgen, zu der nicht zuletzt das Accessoire moderner Kunst gehört. Gerade aber weil man die Machart dieser Fotografien üblicherweise nicht hinterfragt und das auf ihnen Dargestellte naiv als Wirklichkeit aufnimmt, können sie imponieren und zu einer Machtdemonstration werden. Damit steht die Unreflektiertheit und auch Flüchtigkeit der Rezeption im Gegensatz zur Wirksamkeit des Rezipierten. Eine vergleichende Betrachtung der Fotoporträts von Führungskräften, die vor Werken moderner Kunst stehen, weist deshalb auch nicht auf etwas sonst bloß Übersehenes hin, wie es bei scheinbar ähnlichen Projekten der Fall ist: Wenn Timm Ulrichs etwa Stills aus Pornofilmen zusammenstellt, die zeigen, was für Bilder in den Zimmern hängen, in denen sich das abspielt, was die Aufmerksamkeit der Betrachter sonst absorbiert, ist man erstaunt und auch amüsiert, auf einmal Drucke von Rembrandt, Friedrich oder Chagall zu entdecken.[32] Besteht der Reiz hier in einer Überraschung, so ermöglicht eine Analyse der Gemälde auf Fotografien von Managern oder Politikern, eine subtile Machtausübung bewußt nachzuvollziehen und damit in ihrer Wirkung zu relativieren.

Wie sehr sich spätestens mit dem Ende des Absolutismus die Hoheitsrechte von Herrschergemälden auf die Kunst verlagert haben, wird kaum einmal anschaulicher als durch einen Kupferstich, den Daniel Chodowiecki 1780 in einem Taschenalmanach, dem Vorläufer eines Benimmbuchs, veröffentlichte *(Abb. 8)*. Unter dem Titel »Natürliche und affectierte Handlungen« wird dem unangemessenen – noch höfischen – Verhalten gegenüber der Kunst das gemäße Benehmen entgegengesetzt. Kennzeichnet es jenes, daß eifrig parliert wird und das Werk nur als Anlaß für eine selbstgefällige Plauderei dient, sieht man beim ›natürlichen‹ Umgang mit dem Kunstwerk zwei Herren, die sich ihm andächtig und schweigend genähert haben. Einer hat sogar seine Hände sorgsam ineinandergelegt, um Demut zu bekunden.

Einige Jahrzehnte später faßte Schopenhauer das von nun an verbindliche Rezeptionsverhalten anschaulich und pointiert in einem einzigen Satz zusammen, der seither als Zitat oder zur Paraphrase besonders beliebt ist: »Vor ein Bild hat jeder sich hinzustellen wie vor einen Fürsten, abwartend, ob und was es zu ihm sprechen werde; und wie jenen auch dieses nicht selbst anzureden: denn da würde er nur sich selbst vernehmen.«[33] Das Kunstwerk wird hier so weit über den Rezipienten gestellt, daß dieser aus doppeltem Grund schüchtern zu schweigen hat: Zum einen brächte er sich um die Chance auf Erkenntnisgewinn, wenn er eigene Anliegen an das Werk herantrüge und nicht offen wäre für das, was es an Neuem zu bieten hat; zum anderen wäre es ungehörig, sich als gleichwertiger Dialogpartner einbringen zu wollen, da man als Unterlegener immer zu warten hat, bis man selbst angesprochen wird. Kommt es nicht dazu, hat man versagt.

Seit Schopenhauer liegt also die Beweislast im Fall ausbleibender Rezeptionsfreuden grundsätzlich beim Betrachter. Dies wurde oftmals dazu verwendet, um moderne Kunst gegen Widerstände zu immunisieren oder aber in ihren provokanten, den Mehrheitsgeschmack verletzenden Zügen zu legitimieren. Der Erfolg der Avantgarde verdankt sich sogar von Anfang an maßgeblich dem Geschick, die Kunstrezipienten und -laien in eine defensive Rolle zu drängen. So wurde etwa zur Köl-

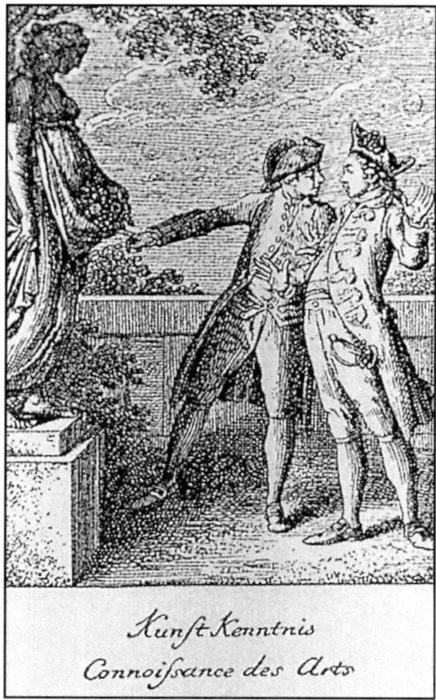

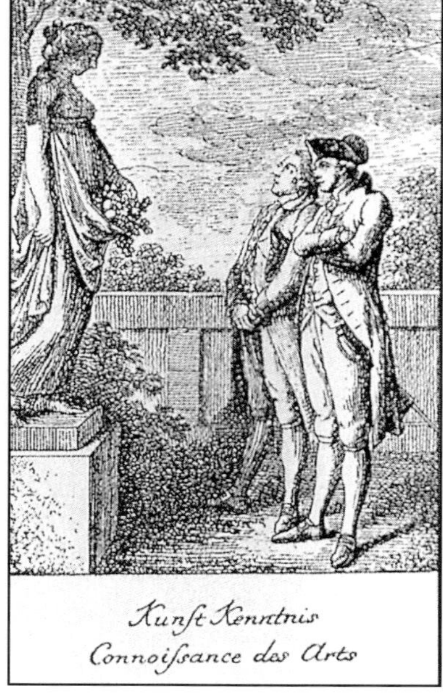

Abb. 8 Daniel Chodowiecki *Kunstkenntnis (falsch und richtig)* (1780)

ner Sonderbund-Ausstellung von 1912, die bereits im Vorfeld heftigen Angriffen ausgesetzt war, ein Führer herausgegeben, in dem es warnend heißt: »Bilder sind Majestäten, man soll nicht zu ihnen reden, man soll warten, bis man angesprochen wird. – Dieser Standpunkt (...) ist (...) für den Laien, der sich wie der heutige Mensch fast niemals in ernsthafterer Weise mit der Kunst befaßt, der einzig mögliche«.[34]

Angesichts dieser Erhebung der Kunst in die Position eines absolutistischen Fürsten verwundert es nicht, wenn die realen Machthaber eine besondere Affinität zu ihr entwickeln und wenn Fotografen, die Macht sichtbar oder gar erfahrbar machen wollen, auf Kunst als Accessoire verfallen. Je spröder, unzugänglicher und aggressiver ein Kunstwerk sich gibt, desto besser taugt es zur Inszenierung von Macht, was freilich gerade für moderne Kunst einnimmt, die diese Eigenschaften – nach rund zweihundert Jahren huldigungsverwöhnt – besonders stark ausgebildet hat.

Stellt sich der Vorstandssprecher der Deutschen Bank zum Fototermin vor ein Bild von Günther Förg (Abb. VIII), wird er also selbst zum Fürsten, den man nicht von sich aus ansprechen darf und der durchaus despotische Züge annehmen kann. Selbst wenn das Foto dann nur klein in einem Magazin veröffentlicht ist, genügt die Dynamik und Farbigkeit des Gemäldes und vor allem das Wissen, daß es sich hierbei um Kunst handelt, damit der Betrachter in die Position des Schwächeren gedrängt wird. Texte von Kunstkritikern spiegeln dabei oft die Gewalt, die von der Kunst ausgehen kann, werden in ihnen doch Rezeptionserfahrungen immer wieder fasziniert in Kategorien von Unterwerfung und Überwältigung geschildert. So heißt es über Bilder Günther Förgs, daß »die Farbkontraste schmerzen« und die formalen Mittel der Bilder »dazu zwingen, (...) von ihnen angesaugt oder zurückgestoßen zu werden«.[35]

Noch dramatischer und gewaltbegeisterter ist die Sprache zu den Bildern von Bernd Zimmer, vor denen sich etwa der Aufsichtsratsvorsitzende von Siemens zeigt (Abb. XIV): »Die Pinselzüge organisieren die Farbmaterie mit einer solchen rhythmischen Wucht, daß man versucht ist, Nietzsche paraphrasierend, von dem Unterfangen zu sprechen, ›mit dem Hammer zu malen‹. Ergebnis einer elementaren Dynamik, formieren sich die hochenergetischen Farbbahnen, Farbfelder, Farbbündel und Wellenschläge von Farbe, verzahnen und verflechten sich miteinander, stemmen sich gegeneinander wie auch in alle möglichen Richtungen auseinander, summieren sich zu lagernden, niederstürzenden, auffahrenden, tragenden, abgleitenden, wirbelnden, durchjagenden Zuständen.«[36] Ein solches Schauspiel der Urkräfte läßt auch den Manager, der auf einem Foto gemeinsam mit diesen Bildern erscheint, zu einem entschlossenen Titan anwachsen, und aus der »elementaren Dynamik« wird, der griechischen Wortbedeutung folgend, Macht und Gewalt.

Das asymmetrische Verhältnis zwischen einem Kunstwerk und seinen Betrachtern hat also auch der Ikonographie des zeitgenössischen Herrscherbilds neue Möglichkeiten eröffnet; vielleicht gab es sogar schon lange nicht mehr so wirkungsvoll einschüchternde Herrscherporträts wie die zahlreichen Fotografien, die sich, mit moderner Kunst als Accessoire, zu wahren Manifestationen von Macht erheben.

Zusätzlich von Vorteil ist, daß Macht dabei auf eine Art und Weise demonstriert wird, die niemals einer Kritik ausgesetzt war: Während sich das Verhalten gegenüber traditionellen Herrscherbildern veränderte, weil eine Mehrheit die dadurch repräsentierte Macht nicht mehr tolerierte, und während die Moderne ihrem Selbstverständnis zufolge insgesamt machtkritisch ist, kann die Kunst als einer der wenigen Bereiche gelten, in dem die Willkür von ›Fürsten‹ und andere Machtzeremonien geduldet werden. Die zahllosen Kunstkommentare, die beschreiben, wie ein Werk Gewalt auf den Rezipienten ausübt, sehen in diesem auch niemals ein Opfer, sondern begrüßen die Überwältigung als existenzielle Erfahrung. Anstatt durch die von Schopenhauer – und vielen anderen – gewählte Metaphorik mißtrauisch zu werden, akzeptieren selbst linke Kunsttheoretiker die damit verbundene Einschüchterungsrhetorik und bedienen sich ihrerseits bedenkenlos derselben Vokabeln.

So verlangt etwa Adorno vom Rezipienten, »daß er der Disziplin des Werks sich zu unterwerfen habe und nicht zu verlangen, daß das Kunstwerk ihm etwas gebe«.[37] Vor diesem Hintergrund erweist sich der Einsatz moderner Kunst auf Porträtfotos sogar als außerordentlich raffiniertes Mittel zur Restitution alter Herrscherbild-Traditionen: Anstatt der abgebildeten Person direkt seine Reverenz erweisen zu müssen, unterwirft sich der Betrachter dem Kunstwerk, das damit einmal mehr als Stellvertreter fungiert. Auf diese Weise ist es möglich, Macht vorzuführen, ohne Gefahr zu laufen, unangemessenen Imponiergehabes bezichtigt zu werden.

Ikonographische Varianten

Wie sehr Macht nach Darstellung verlangt, kann bei Fotografien, die auf Kunst als Accessoire verzichten, noch unverblümter deutlich werden; dabei sind es sogar eher die Fotografen und Bildredakteure als die Fotografierten selbst, die sich über eine gemäße Inszenierung Gedanken machen. So erfreut sich etwa in den meisten großen Magazinen, die Manager oder Politiker abbilden, seit einigen Jahren eine nachträgliche Blautönung des Bildhintergrunds besonderer Beliebtheit (Abb. XV): Alles erscheint dann in ein irreal-cleanes Licht getaucht, das als Manipulation auch sofort auffällt, da der Blauton alle Bildgegenstände ohne Rücksicht auf ihre Lokalfarbigkeit gleichmäßig überdeckt. Selbst Gemälde an der Wand bleiben davon nicht verschont, und so wird dem Blau offenbar eine noch plakativere Signalwirkung zugetraut als ihnen: Untersuchungen der Farbpsychologie weisen darauf hin, daß bei Blau bevorzugt Ferne und Kühle empfunden wird, häufig auch Weite und Männlichkeit.[38] Blau wirkt somit distanzierend und abweisend, und indem es einen Raum größer und leerer erscheinen läßt, drückt es ebenfalls Macht aus.

Diesem relativ jungen Trick stehen traditionellere ikonographische Muster gegenüber, derer sich die Fotografen ebenfalls gerne bedienen. Meist jedoch längst als Stilmittel einer Machtrhetorik identifiziert, sind sie nicht nur leicht angreifbar, sondern verfehlen bei bildkundigeren Betrachtern auch ihre Wirkung. Was beeindrucken soll, trägt dann eher Züge einer Karikatur. Wenige Beispiele, lediglich aus dem Kreis der Deutschen Bank, mögen dies belegen.

Anstatt vor Günther Förg Platz zu beziehen, läßt sich der Vorstandssprecher auch vor der Zentrale seiner Bank fotografieren (Abb. XVI). Wohl mit Absicht hat der Fotograf die nach oben fluchtenden Linien des strahlenden Hochhauskörpers nicht ausgeglichen, scheint das Gebäude so doch noch weiter in die Höhe zu streben – und mit ihm der Vorstandssprecher, der aus so starker Untersicht aufgenommen ist, daß er ebenfalls nach oben fluchtet. Man hat zu ihm aufzublicken, ist erniedrigt vor ihm und reicht ihm bestenfalls bis an die Hüfte. Ganz klar ist das nicht, da der Corpus aus der Perspektive des Fotografen zum Koloß wird; zwischen Oberkörper und Beinen ist kaum zu unterscheiden. So hat man eine dunkle Wand vor sich; nicht einmal Hände sind als Anhaltspunkte und menschliche Zeichen zu sehen, stecken sie doch in den Taschen, wodurch die Gestalt noch breiter wird und noch mehr Raum füllt. Lediglich das Gesicht ist zu erkennen: Es wirkt freundlich, was die Einschüchterung aber nicht mindert; vielmehr handelt es sich um eine gönnerhafte Freundlichkeit, die Distanz wahrt und nicht frei ist von Überheblichkeit. Zudem ist sie untrennbar von Besitzerstolz: Vor einem Wolkenkratzer kann jeder sich fotografieren lassen, doch kaum mit solcher Hausherrenmiene.

Aber man kann die Macht ebenso von der Chefetage aus demonstrieren (Abb. XVII): Ein Vorstandsmitglied wird dann an einem Konferenztisch fotografiert, wobei die Kamera so knapp über der Tischkante plaziert ist, daß die Hälfte des Bilds allein die glänzende Tischplatte einnimmt. Das schafft unüberwindliche Distanz, zumal der Tisch aus dieser Perspektive geneigt erscheint: Wollte man sich dem Vorstand nähern, rutschte man auf der glatten Oberfläche ab. So bleibt man immer ein Stück unter seiner Kopfhöhe. Doch wird diese Distanz noch gesteigert: Gesicht und Oberkörper des Vorstands spiegeln sich in der Tischplatte, was eine narzißhafte Hermetik der Macht ausdrückt – es gibt keinen Fremden, der hier Zugang finden könnte. Zwei am linken und rechten Bildrand stehende Stühle sind folglich leer. Der Vorstand sitzt genau in der Mitte, lediglich sein eigener Schatten ist an einem Wandstück zwischen zwei Fenstern zu sehen. Erhaben über Stadt und Alltag, in einer fast immateriellen Welt, residiert er ganz oben.

Der Blick von oben kann auch eigens zum Bildsujet werden (Abb. XVIII). So läßt sich ein früherer Vorstandssprecher fotografieren, während er an einem großen Fenster steht, das einen Blick auf die Stadt eröffnet. Hier ist es dem Betrachter sogar vergönnt, an diesem Blick teilzuhaben und von der Befriedigung der Mächtigen zu kosten, alles unter sich gelassen zu haben. Trotzdem herrscht auch hier große Distanz: Der

Vorstandssprecher wendet sich dem Betrachter nicht zu, sondern scheint zu sinnieren; die Augen hat er fast geschlossen, die Hände hinter dem Rücken. Mit keiner Geste nimmt er Verbindung zu seiner Umgebung auf, ruht vielmehr in sich, ist unnahbar und entrückt. Die Weite des Ausblicks wird so zum Bild für die Gedankenwelt, die ihn beschäftigt. Allein das Schwarz seines Anzugs steht in Beziehung zum Schwarz einer Bronzefigur, die hinter ihm auf einem Sockel postiert ist; auch diese Figur, eine grazile nackte Frau mit nach oben gestreckten Armen, wirkt, zumal als Silhouette, rein mit sich beschäftigt, ja hermetisch. Ohne diese Korrespondenz erschiene die Haltung des Vorstandssprechers auch zu unvermittelt, um als Inszenierung von Macht überzeugen zu können. So jedoch wird der Typus eines nachdenklich-weisen, vielleicht sogar leicht melancholischen Herrschers gezeigt, der seine Macht nicht brachial zur Schau stellt, sondern der ein wenig unter der Einsamkeit leidet, die seine herausgehobene Position mit sich bringt.

Dominieren hier wie bei Herrscherbildnissen fast aller Zeiten ikonographische Muster, bei denen Attribute und Statussymbole hohen Stellenwert besitzen, galt es in der Endphase des klassischen Herrscherporträts im späten 19. Jahrhundert als stilvoll, die Machthaber möglichst ohne ausdrückliche Standeszeichen ins Bild zu setzen.[39] Als Reaktion auf das erstarkte und gegenüber traditionell monarchischen Herrschaftsformen kritisch eingestellte Bürgertum wurde Wert darauf gelegt, in einem Bildnis einen bedeutenden Menschen zu zeigen, der allein aufgrund der Eigenschaften, die aus seiner Physiognomie sprechen, herrschaftswürdig schien. Anstatt eines durch Gottesgnadentum herausgehobenen Monarchen wurde ein Herrscher vorgestellt, dessen Klugheit, Willensstärke und Güte auch von jedem Bürger als tugendhaftes Vorbild akzeptiert werden konnten.[40]

Franz von Lenbach galt als Meister im Darstellen derartiger Charakterpräsenz; allerdings werden bei seinen Porträts von Wilhelm I. oder Bismarck ebenso rhetorische Mittel eingesetzt. So treten die Gesichter geradezu leuchtend aus einem dunklen, raumlosen Hintergrund hervor, womit sich auf ihnen die gesamte Bedeutung konzentriert. Tatkraft und Lebenserfahrung wird suggeriert, und auf den meisten dieser Porträts

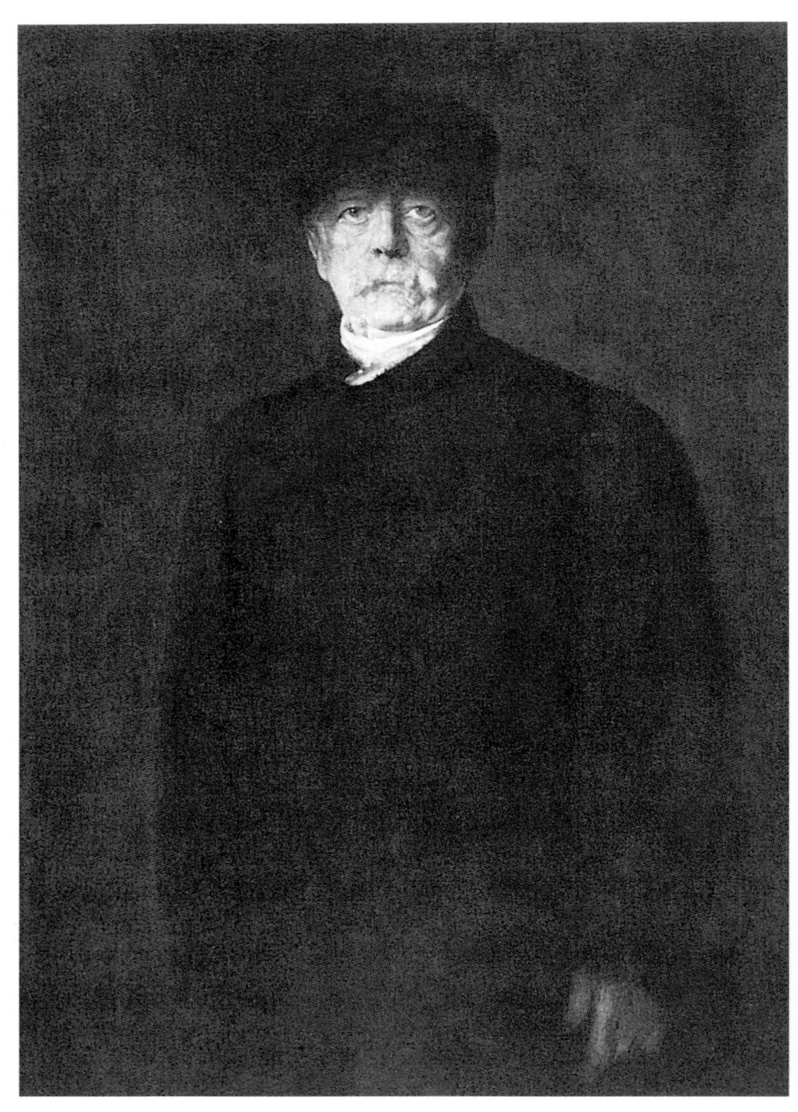

Abb. 9 Franz von Lenbach
Otto von Bismarck (1886)

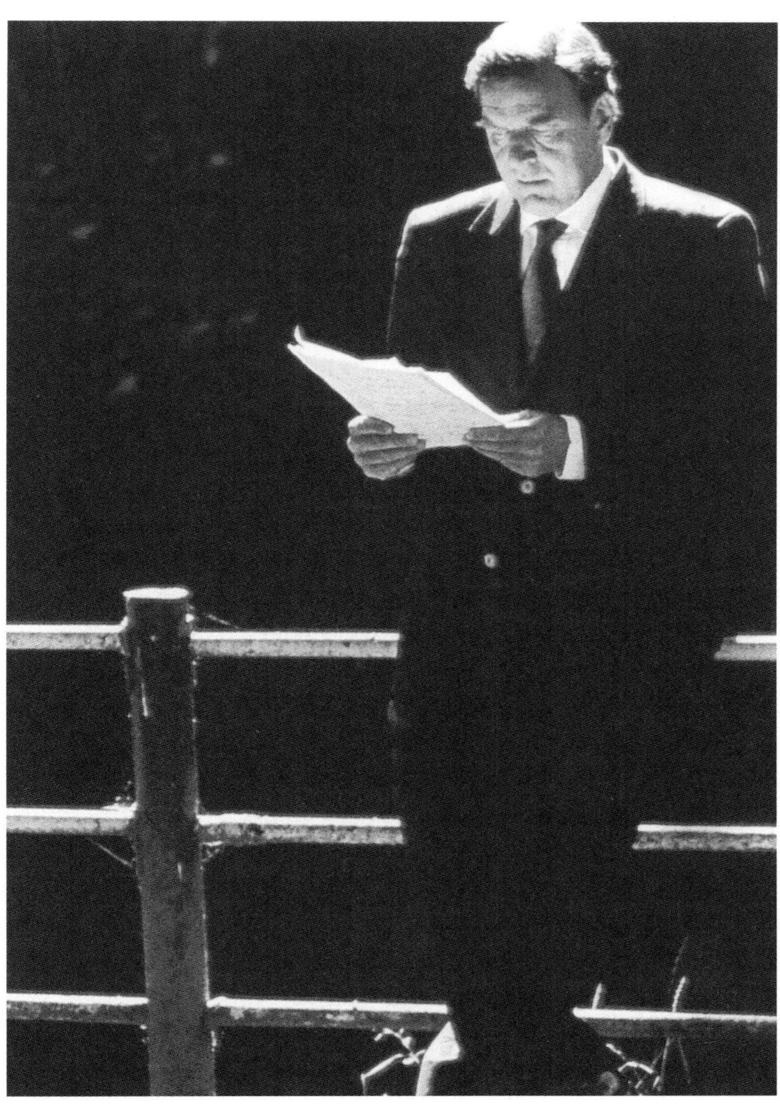

Abb. 10 Konrad R. Müller
Gerhard Schröder (1998)

liegt Ernst oder sogar eine gewisse Melancholie, was die Bürde der Macht andeutet *(Abb. 9)*.

Für Bildnisse von Politikern ist diese beinahe pathetische Inszenierung von Charaktergröße bereits wieder Tradition geworden, wobei gerade die Fotografie das Interesse am menschlichen Antlitz kultiviert hat. So steht ein Fotograf wie Konrad R. Müller in der Nachfolge Franz von Lenbachs, da die bundesdeutsche Kanzlerdemokratie bei ihm zu einer Abfolge heroisch-schwermütiger Lichtgestalten wird *(Abb. 10)*. Es soll sich der Eindruck vermitteln, die Politiker endlich einmal authentisch und als Menschen zu sehen, die jenseits ihrer Ämter sensibel und nachdenklich sind. Plötzlich empfindet man ihnen gegenüber sogar Dankbarkeit dafür, daß sie sich opfern für das Gemeinwohl. Auch diese Reaktion ist – ähnlich der Einschüchterung – Zeichen einer geschickten Ikonographie der Macht: Keine strenge Distanzierung und Unterwerfung des Betrachters findet hier statt, dafür eine Überwältigung durch Sympathie, die in ihrem Übermaß ebenfalls verlegen macht und das Gefühl weckt, man sei selbst ein weniger wertvoller, ein unbedeutenderer und fehlerhafterer Mensch als der Abgebildete.

Während sich die Darstellung politischer Repräsentanten veränderte, da deren Macht im demokratischen Zeitalter von Wählerstimmen und damit von ihrer angenehmen Erscheinung abhängt, entzieht sich die Macht von Wirtschaftsführern – trotz Rücksichtnahme auf den Shareholder-Value – weitgehend öffentlicher Kontrolle. Entsprechend sind ungeniertere Inszenierungen möglich: Sich aus Froschperspektive vor einem Hochhaus oder allein hinter einem spiegelnden Konferenztisch aufnehmen zu lassen, wäre für einen Politiker kaum vorstellbar; so viel Distanz vom Wahlvolk würde bestraft. Vorstandssprechern und Topmanagern scheint es hingegen nicht zu schaden, wenn ihre Porträts an Herrscherbilder aus der Zeit des Absolutismus erinnern. Neuere Herrschaftssymbole wurden so auch immer zuerst bei der Darstellung von Unternehmern und Firmenchefs erprobt und drangen nur in Einzelfällen auch in die politische Ikonographie ein – so wie bei jenem Kanzlerkandidaten, der sich mit Zigarre und moderner Kunst im Rücken fotografieren ließ (Abb. I).

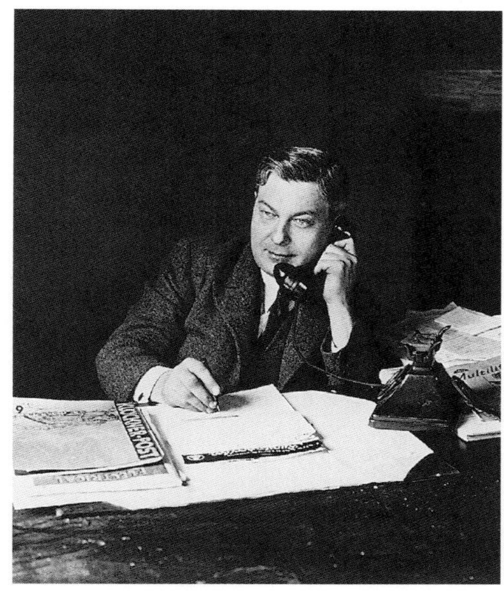

Abb. 11 August Sander
Firmenmanager (1932)

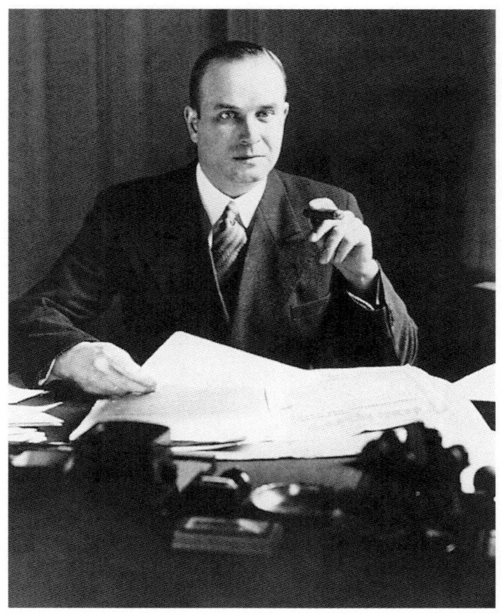

Abb. 12 August Sander
Bankier (1932)

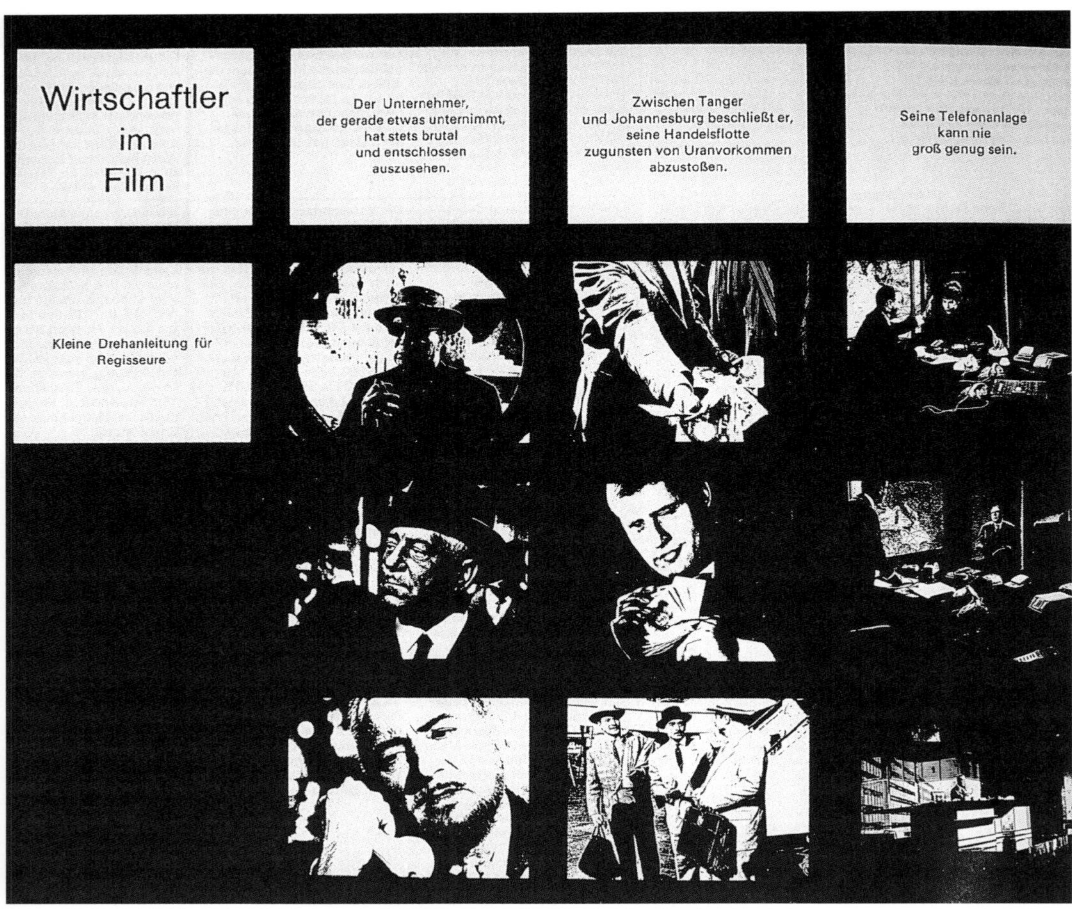

Abb. 13 Capital 1/1963

Eines der auffälligsten Statussymbole vor der Eroberung der Machtzentralen durch die Kunst war für einige Jahrzehnte das Telefon. Als Accessoire eines Firmenmanagers taucht es bereits 1932 auf einem Foto von August Sanders *Menschen des 20. Jahrhunderts* auf, während das Statussymbol des Bankiers in derselben Sammlung eine Zigarre ist (*Abb. 11, 12*). Nach dem Zweiten Weltkrieg steht das Telefon – oder sogar eine mächtige Telefonanlage mit mehreren Knopfleisten – dann bevorzugt auf einem sonst leeren Schreibtisch. Signalisierte dieser Fleiß und Gewissenhaftigkeit – man erledigte die eigenen Geschäfte pünktlich –, so war das Telefon Zeichen und Auszeichnung für jemanden, der nicht körperlich zu arbeiten hat. Über das Telefon läßt sich Arbeit vielmehr delegieren, und als Chef muß man sich dabei nicht einmal direkt mit Untergebenen konfrontieren, sondern kann ihnen aus der Distanz etwas anordnen. Wer mit einem Telefon abgebildet wurde, sollte als Entscheidungsträger, als Mann des Worts und der Verantwortung auffallen. Als Schaltzentrale und Draht zur Welt verhieß das Telefon Souveränität; es attestierte demjenigen, der es als Accessoire hatte, kommunikationsfähig und weltoffen zu sein.

Allerdings büßte das Telefon als Machtinsignie an Geltung ein, sobald es, spätestens seit den 1970er Jahren, kein Privileg einer Minderheit mehr darstellte. Doch war es schon zuvor als erstes wirklich modernes Statussymbol der Macht überstrapaziert worden. So nimmt in einem Bericht über »Wirtschaftler im Film«, den *Capital* 1963 veröffentlichte und in dem die wichtigsten Unternehmer-Klischees benannt und mit Filmstills belegt werden, das Protzen mit einer möglichst großen Telefonanlage bereits einen prominenten Platz ein *(Abb. 13)*.[41]

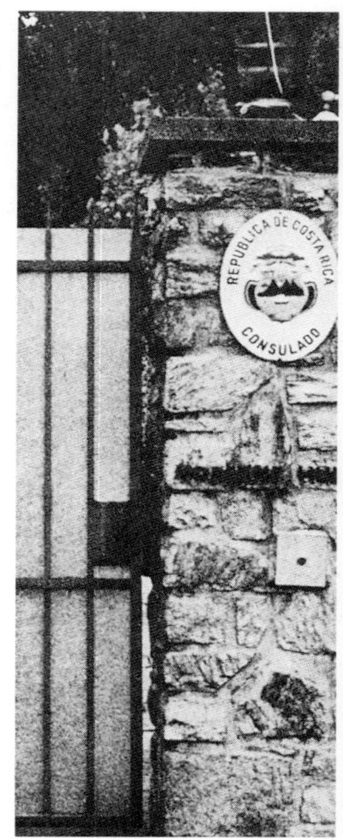

Abb. 14 Hauseinfahrt Herbert Quandt (1966)

Als ein anderes wichtiges Statussymbol der Nachkriegszeit wurden Konsul-Titel gehandelt. Sie sollten Kosmopolitismus und diplomatische Fähigkeiten signalisieren, obwohl in ihnen zugleich Reste imperialkolonialen Denkens fortlebten. In Deutschland waren sie von besonderer Bedeutung, als sie Reputation im Ausland bezeugten und ihren Trägern eine weiße Weste bescheinigten. Viele Industrielle schmückten also in den 1960er Jahren ihre Villeneinfahrten mit Tafeln, die das Anwesen als konsularische Vertretung eines fernen Landes auswiesen *(Abb. 14)*. Natürlich faszinierte hierbei auch ein Hauch von Exotismus: Zu einer Zeit, als Interkontinentalreisen für die große Mehrheit noch unerschwinglich waren, verhieß ein Konsul-Titel selbstverständliche und weit ausgedehnte Reiseaktivitäten.

Moderne Kunst hat mittlerweile auch die meisten Repräsentationspflichten übernommen, die ehedem dem Telefon oder einem Ehrentitel zukamen. So eroberte sie sich im Zuge eines Symbolwechsels eine Schlüsselposition und ist zu einem der vielseitigsten und komplexesten

Statussymbole geworden: Daß jemand eher einer intellektuellen als einer körperlichen Arbeit nachgeht, macht zeitgenössische Kunst sogar noch deutlicher als ein Telefon, und Distanz erzeugt sie ohnehin eindrucksvoller, einschüchternder und exotischer. Was nämlich könnte in einer Zeit, in der jeder Erdteil in Reiseführern, Fernsehfeatures und Bildbänden bekannt gemacht und adrett vermittelt ist, befremdlicher wirken als das Gemälde eines Neuen Wilden?

In vielen Büros hängen mittlerweile Bilder, die die Sehnsucht nach etwas ungebändigt Elementarem befriedigen (Abb. XIX) oder die archaische Zeichen Eingeborener oder fremder Kulturen zu zitieren scheinen (Abb. XX). Wer sich solche Bilder aufhängt, gibt zu verstehen, daß er vor der Globalisierung keine Angst hat und sich vielleicht sogar als Kosmopolit empfindet. Der Reiz ferner Länder vermittelt sich hier besser und aufregender als etwa mit großen Weltkarten, die immerhin bis in die 1980er Jahre »in den Selbstdarstellungsphotos der Politiker und Wirtschaftsbosse« verwendet wurden *(Abb. 15)*.[42] Doch war dieser Wandschmuck nicht nur zu billig, um beeindrucken zu können, sondern auch ziemlich eindimensional in seiner Bedeutung. Dagegen erscheinen Werke moderner Kunst inmitten einer meist antiseptischen Atmosphäre wie ein undurchdringlicher Dschungel. Zugleich sind sie – als Kunstwerke – Repräsentanten einer Hochkultur, was die davon ausgehende Provokation sanktioniert und sogar ähnliche Noblesse garantiert wie ein Konsul-Titel. Nebenbei kann der Einsatz für die künstlerische Moderne auch mehr als ein halbes Jahrhundert nach den aggressiven Kampagnen des Nationalsozialismus gegen ›Entartete Kunst‹ noch immer als moralisch gutes – und politisch korrektes – Engagement image fördernd wirken: Frei zu sein von Ressentiments und reaktionären Zügen – und damit wirklich als Weltbürger zu agieren–, darf für sich in Anspruch nehmen, wer ein Werk moderner Kunst in seiner Umgebung vorweisen kann.

Moderne Kunst hat aber nicht nur die Nachfolge von Telefon oder Konsul-Titel angetreten und nimmt auch nicht nur einen ähnlichen Rang ein wie ehedem das Pferd, sondern steht in einer langen Reihe von Statussymbolen der Macht: Krone, Thron und Szepter, Orden, edle Hunde oder Siegelringe gehören in diese Reihe. Sie alle dokumentieren vergangene Machtvorstellungen, wobei die Abgrenzung der Mächtigen kaum einmal so maßgeblich durch die Suggestion intellektueller Hoheit betrieben worden sein dürfte wie im Fall der modernen Kunst. Oft stellte man bloß materielle Macht zur Schau und wollte sich durch besonders seltene oder gar einmalige Schätze von anderen abheben. Orden oder Jagdtrophäen verwiesen immerhin auf herausragende Leistungen, die Mut, Stärke, aber auch List und taktisches Geschick erforderten. Ein Tugendkanon, der Ehre verlieh, diente hier zur Legitimation von Macht, was dem Stellenwert moderner Kunst als Statussymbol bereits näherkommt. Doch nicht mehr wer sich militärisch, mit körperlicher Überlegenheit und Tapferkeit durchsetzen kann, wer wagemutig sein Leben riskiert und sein Land und Eigentum verteidigt, verschafft sich am meisten Einfluß und Autorität, sondern den größten Erfolg hat, wer sich rasch über neue Entwicklungen zu informieren und diese zu durchschauen vermag, wer Entschlußkraft an den Tag legt, wer in unterschiedlichen Milieus zurechtkommt, seinen jeweiligen Partnern unvoreingenommen begegnet und vielseitig gebildet ist. Dazu paßt, daß ein anderes in der Gegenwart besonders angesehenes Statussymbol ein Professorentitel ist. Daß er sich meist nicht einmal direkt kaufen läßt, verleiht ihm sogar zusätzlichen Nimbus. Doch eignet sich ein solcher Titel, abgesehen von Briefpapier und Klingelschild, nur schlecht zur Repräsentation. Nicht nur deshalb, sondern auch wegen ihrer vielen zusätzlichen Implikationen ist moderne Kunst somit als Statussymbol wiederum überlegen. Sich mit ihr zu umgeben, ist fast gleichbedeutend damit, Anspruch auf eine herausgehobene gesellschaftliche Position zu erheben, und mit einem Kunstwerk im Rücken kann man besser als mit allem anderen als führender Repräsentant der modernen Wissens- und Informationsgesellschaft gelten.

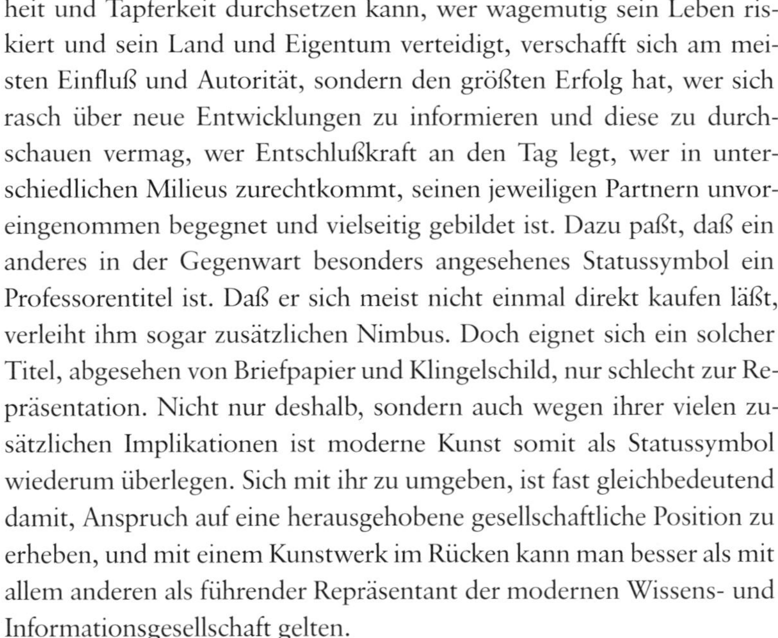

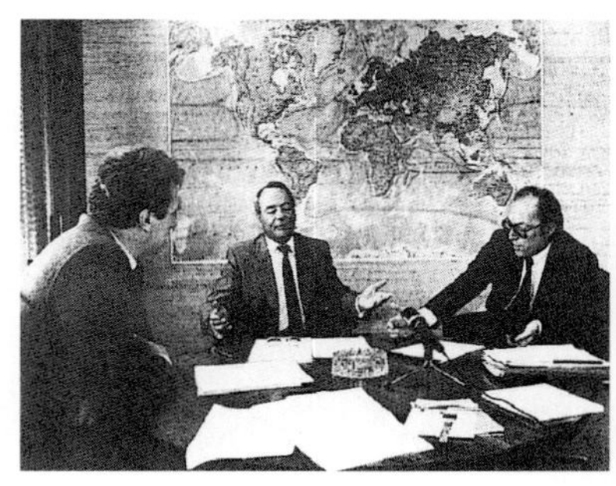

Abb. 15 Industriemanager und Redakteure im Gespräch in einer Konzernzentrale (1983)

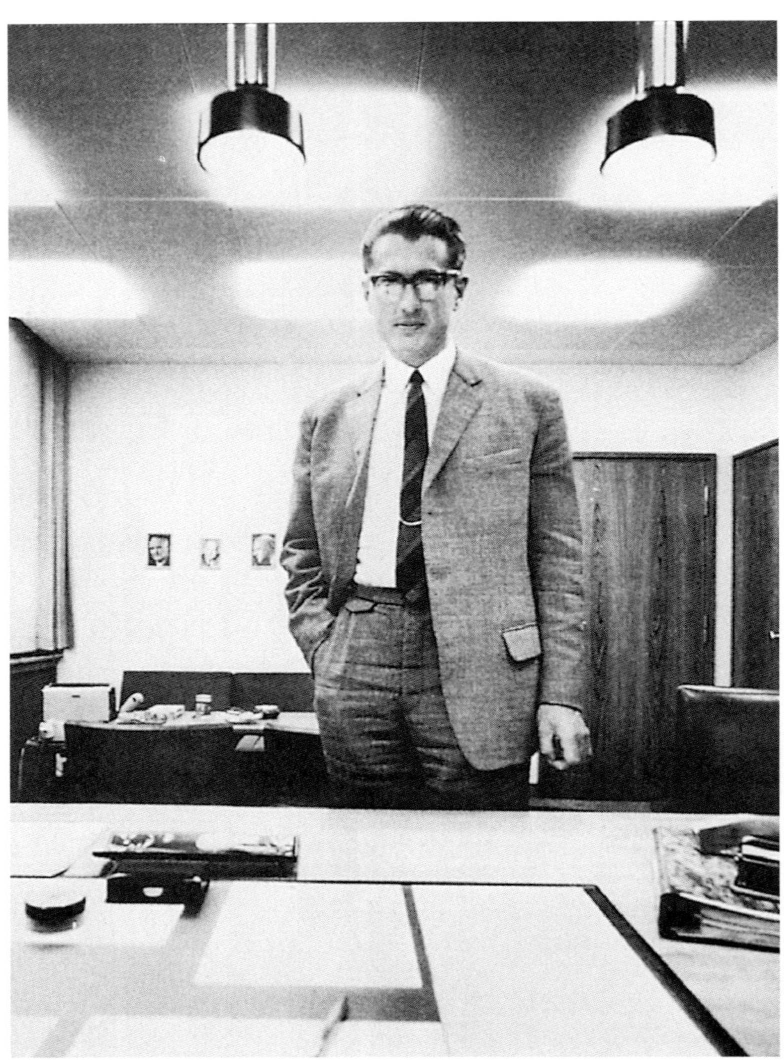

Abb. 16 Ludwig von Bogdandy (1967)

Gerade weil moderne Kunst viele verschiedene Qualitäten zugleich verkörpert und deshalb immer mehr zu sein scheint als ein bloßes Statussymbol, eignet sie sich dazu um so besser. Daß sie hermeneutische Ausdauer verlangt und von einer Mehrheit als spröde, anstrengend und unsinnlich empfunden wird, kommt ihr dabei nochmals zugute: Immerhin braucht, wer damit repräsentiert, trotz der hohen Preise nicht zu befürchten, unter Luxusverdacht zu geraten. Vielmehr sind Werke moderner oder zeitgenössischer Künstler das passende Statussymbol für eine Elite, die Macht und Reichtum demonstrieren, darin jedoch vor allem einen Beleg ihrer eigenen Leistungsfähigkeit sehen möchte. So steht Kunst auch als wohl einziges Statussymbol nicht in offenem Konflikt mit der Mentalität, die Max Weber als Geist protestantischer Ethik identifiziert und analysiert hat und die, längst emanzipiert von ihrer religiösen Motivation, im Kapitalismus bis heute fortlebt.[43]

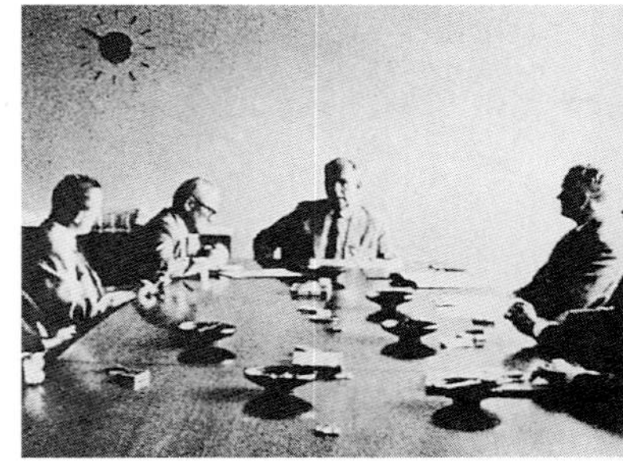

Abb. 17 Bank für Gemeinwirtschaft, Bereich West, Düsseldorf (1964)

Wer dem protestantischen Rationalismus anhängt, versucht bekanntlich, erwirtschaftetes Geld sofort neu zu investieren, um die eigene Leistungskraft unter Beweis zu stellen und auf anderes auszudehnen; alles andere wäre Verschwendung. Ein entsprechend nüchtern-asketisches Klima herrschte bis vor wenigen Jahrzehnten auch in vielen Büroräumen, Konferenzsälen und selbst Vorstandszimmern: Falls Bilder hingen, waren es einfache Fotografien von Personen, die als Vorbilder angesehen wurden und die zu mehr Leistung anspornen sollten *(Abb. 16)*. Doch da für einen Kapitalisten Zeit Geld bedeutet, bestückte man die Wände ohnehin am liebsten mit Uhren. So konferierten in den 1960er Jahren die Vorstandsmitglieder einer Bank noch spartanisch unter einer Uhr *(Abb. 17)*, und auch als erfolgreicher Firmenchef ließ man sich damit fotografieren *(Abb. 18)*: Alles im Raum richtet sich dabei nach der Uhr, da sich nicht nur der (übrigens katholische) Warenhaus- und Reiseunternehmer demütig-bescheiden direkt darunter gestellt hat, so daß der Glanz des Zifferblatts seinerseits wie ein Heiligenschein wirkt, sondern da auch zwei Bilder achsensymmetrisch dazu gehängt wurden. Sie zeigen Reiterszenen, erinnern damit an das alte Statussymbol ›Pferd‹ und sind wie Trophäen einzuschätzen, belegen also Leistung und Erfolg, da der Unternehmer sich zuerst als Dressurreiter international einen Namen gemacht hatte. Auch das daneben stehende Bronzepferd ist als Reminiszenz an Wettkampfsiege und Ansporn zu neuen Taten gedacht, fungiert also nicht etwa als Kunstgegenstand.

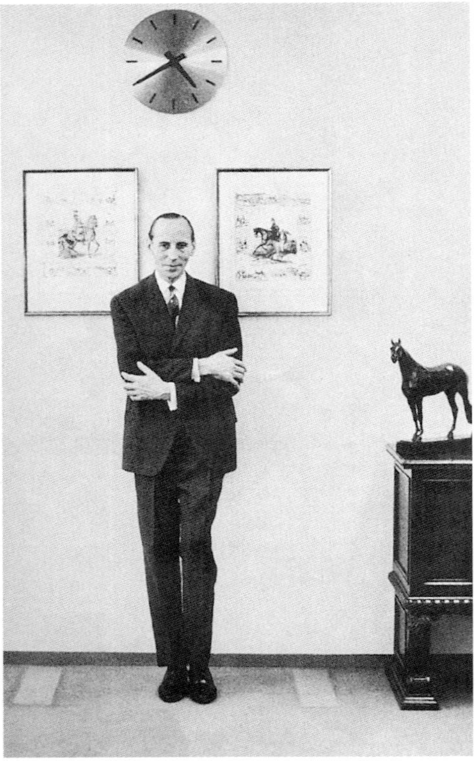

Abb. 18 Josef Neckermann (1965)

Geld für Kunst auszugeben, wäre vielen Unternehmern lange Zeit unsinnig oder gar dekadent erschienen, hätte dies doch das Investitionskapital belastet; ohne kalkulierbaren Nutzen waren Ausgaben für etwas, das vielleicht sogar ablenkt und damit im schlimmsten Fall weitere Ressourcenverschwendung bedeutet, nicht legitimierbar. Auch daß moderne Kunst nicht einfach ›schön‹ ist und eher intellektuelle Bewältigung zu verlangen scheint, daß sie nicht als bequeme Unterhaltung konsumiert werden kann und Zugang zu ihr Einsatz verlangt, reicht allein noch nicht, um leistungsversessene Unternehmer für sie zu gewinnen. Als Statussymbol mag sie damit sympathischer sein als vieles sonst, und wer noch andere als protestantische Wurzeln besitzt, mag sich sogar damit schmücken, doch für einen kühlen Rechner bleibt es Verschwendung, Geld für etwas auszugeben, das allein als Statussymbol in Erscheinung tritt.

Statussymbole zahlen sich freilich aus, sobald sie einen Image-Gewinn verschaffen und damit etwa zur Kundenwerbung beitragen. Daß Werke moderner Kunst positive Eigenschaften hervorheben und Autorität zu steigern vermögen, scheint deshalb ihren Erwerb im Zuge einer CI-Kampagne zu rechtfertigen. Doch gehen Kunstagenturen oder Art-Consultants seit einigen Jahren noch weiter und empfehlen sie auch aus anderen Gründen zur Investition und damit als gewinnbringende Geschäftsaktivität: Offenbar ist bekannt, daß viele potentielle Käufer – und gerade Unternehmer – es nicht lassen können, alles nach Gewinnaussichten zu beurteilen, selbst wenn sie sich gerne als Mäzene präsentieren. Symptomatisch hierfür ist etwa eine Formulierung im 1993 verabschiedeten »Schweriner Manifest« des Kulturkreises im BDI, heißt es darin doch, Kultur sei »eine andauernde Investitionspflicht«.[44]

Ein gutes Beispiel dafür, wie ökonomische Kategorien bei der Einschätzung von Kunst immer wieder durchschlagen, lieferte auch jener Vorstandsvorsitzende der Deutschen Bank, der sich einsam-versonnen am Fenster fotografieren ließ. In einem Vortrag über das kulturelle Engagement seiner Bank betreibt er ein virtuoses Rollenspiel. Dabei kommt zuerst der Gönner zu Wort: »Wer von Berufs wegen mit dem Nutzen umgeht, möchte ihn auch einmal missen dürfen.« Danach spricht – etwas sibyllinisch – der Philosoph: »Der Banken Nähe zur bildenden Kunst ist wesensmäßig.« Und schließlich, nur wenige Sätze später, bringt es der Geschäftsmann auf den Punkt: »Eine Bank, die reich ist an Bildern, ist auch sonst reich. (...) Was im Kreis der Mitarbeiter anregt, kommt der Kundschaft zugute und damit dem Geschäft.«[45]

Auch Art-Consultants verweisen mit Vorliebe auf die Motivation der Mitarbeiter, um abgesehen von den erhofften Image-Vorteilen ein Argument für Kunst in Büros und Konferenzräumen zu haben. Aber ebenso hebt ein erfolgreicher Fabrikant, der zunehmend als Kunstsammler von sich reden machte, die enorme »Ausstrahlung einer Kunstsammlung auf Öffentlichkeit und Mitarbeiter« hervor, führe sie doch »zu beachtlichen Wohlwollenspotentialen in der Öffentlichkeit, zu hohem Motivationsgrad und zu außergewöhnlichem Esprit de corps bei den Mitarbeitern«.[46] Noch euphorischer ist es in einer Regierungserklärung zur Kunstkonzeption des Landes Baden-Württemberg formuliert. Hier wird der Kunst die Fähigkeit zugesprochen, zu »geistiger Selbstbestimmung« zu erziehen, wesentlich zu einer »ganzheitlichen

Persönlichkeitsbildung« beizutragen und die »Immunität gegen undifferenzierte Verallgemeinerungen« zu fördern. Was einerseits an vertraute Bestimmungen eines humanistischen Kunstbegriffs erinnert, wird andererseits so uminterpretiert, daß die Kunst als ideale Wegbereiterin der beginnenden postindustriellen Dienstleistungsgesellschaft erscheint: Die für diese auch sonst immer wieder beschworenen Qualifikationen – »Kreativität, Teamgeist, Denken in Zusammenhängen, Kommunikationsfähigkeit, Flexibilität« – sollen sich gerade durch eine Beschäftigung mit Kunst erwerben lassen, heißt es voll Aufbruchsstimmung.[47] Einmal mehr werden damit mögliche Differenzen zwischen Kunst und Gesellschaft annuliert, und jene soll einen neuen Typus von Angestellten – den ›flexiblen Menschen‹ im Sinne von Richard Sennett – für die weitere Dynamisierung vieler Lebensbereiche trainieren.

Bedenkt man jedoch die exklusive Macht gerade moderner Kunst, verwundert es, daß ihr so selbstverständlich eine Breitenwirkung auf die gegenwärtige Arbeitskultur zugetraut wird: Immerhin wendet sich jene Macht gegen das Gros derer, die in den Firmen und Institutionen mit Dienstleistungs- und Verwaltungsaufgaben betraut sind. Es sind die Chefs und Vorstände, die mit Kunst repräsentieren, und sie sind es auch, die über Ankäufe entscheiden. Wenn ein Sachbearbeiter, eine Chefsekretärin oder ein Prokurist der Plazierung von Kunst im Foyer, in der Kantine oder sogar im eigenen Büro zustimmen, dann wollen sie damit vor allem dem Verdacht eines eigenen kulturellen Defizits entgegenwirken und schließlich selbst vom Status profitieren, den die Nähe zur Kunst in Aussicht stellt. Das Gefühl eigener Unterlegenheit wird dabei jedoch eher noch verstärkt, da die Bilder oder Graphiken in den meisten Fällen befremdlich bleiben und man die Gründe derjenigen, die den Kauf von Kunst betreiben, auch im Nachhinein nicht genau versteht.

Freilich: Es braucht wiederum nicht Absicht zu sein, mit moderner Kunst eine Mehrheit der Mitarbeiter zu verunsichern, und es ist sogar wahrscheinlich, daß die Kunst-Verantwortlichen in den Unternehmen guten Glaubens sind, mit ihrer Initiative zur Humanisierung der Arbeitswelt beizutragen. Sie vertrauen den Kunst-Experten, nämlich Galeristen und Art-Consultants, die sie mit der Ausstattung beauftragen und zu deren selbsterklärtem Vermittlungsanspruch es gehört, Unternehmen und Künstler nicht nur miteinander ins Geschäft, sondern ebenso ins Gespräch zu bringen. So wird oft in begleitenden Veranstaltungen – Führungen, Vorträgen, Workshops – versucht, Angestellten die neuen Kunstwerke nahezubringen. Hierbei werden allerdings einmal mehr Hierarchien beachtet und bestätigt, denn nur die höhergestellten Mitarbeiter weiht man in die Geheimnisse moderner Kunst ein. Was sich bei ihnen eventuell an Schwellenangst und Unsicherheit abbaut, verstärkt sich bei den anderen um so mehr; sie empfinden sich ausgeschlossen und kunstunwürdig.

Wie aber wird überhaupt begründet, daß moderne Kunst die Motivation und Kreativität der Mitarbeiter fördert und sie zu mehr Flexibilität erzieht? Der Art-Consultant beantwortet diese Frage folgendermaßen: »Kunst, die mehr sein will als Dekoration – und gute Kunst ist niemals nur Dekoration –, verändert das Bewußtsein. Sie hält den Menschen einen Spiegel vor. Sie wirft Fragen auf, sie verunsichert und provoziert. Wer sich auf Kunst einläßt, stellt sich einem Abenteuer mit unbekanntem Ausgang.« Ferner hebt er die »verändernde, beunruhigende und sensibilisierende Kraft« der Kunst hervor und stellt fest: »Kunst ist kein passiver Posten. Sie wirkt aktiv in ihre Umgebung hinein, sie stellt Ansprüche und definiert Werte.«[48]

Solche Formulierungen finden sich auch in den Verlautbarungen der Unternehmen wieder, die ihr Kunst-Engagement dokumentieren. Dabei wird der Kunst eine Aufgabe übertragen, für die man sonst eher einen Psychologen zuständig erklären müßte: An ihr ist es, dem Mitarbeiter zu helfen, indem sie ihm Fragen stellt oder ihn mit sich selbst konfrontiert; und sie fordert ihn emotional heraus, damit sich Verspannungen lösen oder Verdrängtes zum Ausbruch kommt. So hat sie eine Heilfunktion zu erfüllen, und der Dialog, in den der einzelne mit ihr eintritt – falls er sich ihrer Hoheit entsprechend benimmt –, soll gar den Charakter eines Therapie-Gesprächs annehmen. Die Asymmetrie im Rezeptionsverhältnis besteht somit nicht nur in einem Machtgefälle zwischen Werk und Betrachter, sondern äußert sich auch darin, daß letzterer als heilsbedürftig ausgegeben wird, man der Kunst aber zutraut, dieser Bedürftigkeit aufzuhelfen.

Man könnte es als zynisch ansehen, daß moderne Kunst Angestellten zur besseren Motivation in die Arbeitsräume gehängt und damit zugleich ein grundsätzlicher Therapiebedarf unterstellt wird: Als leide die Effizienz eines Unternehmens darunter, daß das Bewußtsein der Mitarbeiter zu selten verunsichert werde. Außerdem bringt die Vehemenz, mit der die anregende und anspornende Qualität der Kunst betont wird, diese in eine merkwürdige Nachfolge zu ›Motivations-Bildern‹, auf die Generationen von Angestellten in Großbetrieben zu blicken hatten, und die auf ihre Art Ansprüche stellten und Werte definierten. Was dort ganz direkt und im Stil von Plakaten eingefordert wurde, nämlich Leistung und Solidarität mit dem Unternehmen, soll mit den Mitteln moderner Kunst offenbar nur subtiler – eben humaner – passieren. Anstatt einen offenen Befehlston anzuschlagen, läßt man die Hoheit der Kunst sprechen, als könnte man allein damit Kreativität steigern und Arbeitsprozesse beschleunigen.

Ein Sprecher des Schweizerischen Bankvereins in Zürich brachte das Bestreben der Arbeitgeberseite deutlich zum Ausdruck, »für möglichst viele Arbeitsräume originale Kunstwerke bereitzustellen. Nur auf diese Weise kann dem Aufhängen von Postkarten, (...) Kalenderblättern oder Plakaten von Fluggesellschaften (...) entgegengewirkt werden. Unternehmensleitungen streben die Verbesserung von Arbeitsbedingungen, Personalchefs Verbesserungen menschlicher Beziehungen in der Arbeitswelt an. (...) Bilder in Büros, Gängen, Konferenzzimmern lösen den Mitarbeiter und den Arbeitsplatz aus der Anonymität heraus, verdrängen das Konsumdenken, schaffen Erholung und Anregung ...«.[49]

Allerdings ist auch zu bedenken, daß Kunst nicht nur Angestellten als Therapeuticum und Motivationsinstrument verordnet wird, sondern daß sich die Führungskräfte ihr zuerst selbst aussetzen, so als hätten sie eine verändernde, beunruhigende und sensibilisierende Kraft sowie eine Abkehr vom Konsumdenken noch nötiger als andere und als könnten sie ihre Leistungskraft ohne Bilder nicht wahren. Diese merkwürdige Abhängigkeit von externen Stimulantien machen sich die

der Moderne

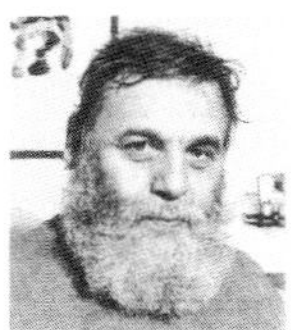

A. R. Penck

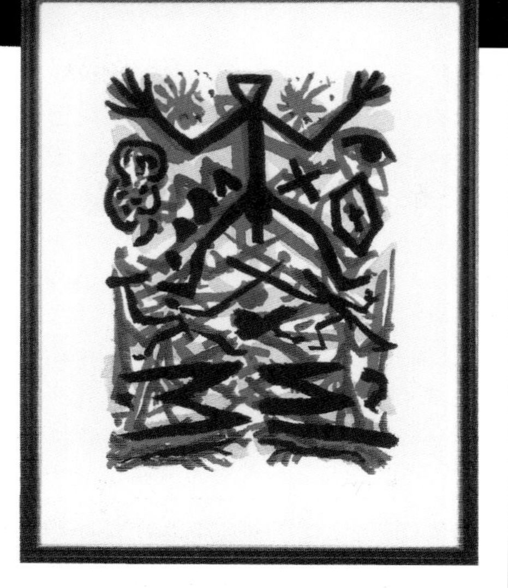

Der Titel Energiefeld, den A. R. Penck seinen neuen Arbeiten gegeben hat, verweist ja auf die beiden Seiten der Medaille, mit der wir es bei Penck zu tun haben. Denn einerseits ist er ein außergewöhnlich kraftvoller Künstler, dessen Arbeiten eine besondere Ausstrahlung, nämlich die von Energie, haben, auf der anderen Seite lädt Penck seine Figuren, die dargestellten Tiere auf so schöne Art und Weise auf, daß um sie herum ein wirkliches Energiefeld entsteht. Und dieses Energiefeld ist immer auch eins, das durch seine besondere Ausstrahlung von Konzentration und Ruhe besticht. Der Künstler Penck hat große museale Anerkennung gefunden – sichern Sie sich deshalb schnell die hier angebotenen Arbeiten.

oben, rechts

A. R. Penck
Energiefeld-Urszene III · 1999
Original-Radierung in vier Farben
Format der Radierung 69,5 x 49 cm
Papier: Zerkall-Bütten 90 x 65 cm
Auflage: 35 numeriert und signiert

Wirtschaftswoche-Sonderpreis DM 3200,–

Gerahmt DM 3590,–

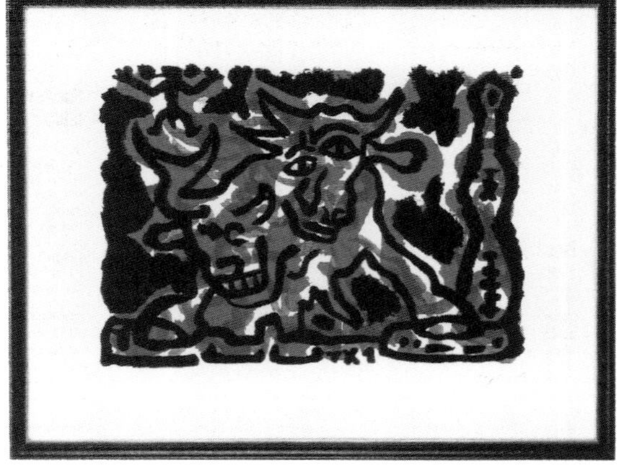

A. R. Penck ▷
Energiefeld-Urszene IV · 1999
Original-Radierung in vier Farben
Format der Radierung 49 x 69,5 cm
Papier: Zerkall-Bütten 65 x 90 cm
Auflage: 35 numeriert und signiert

Wirtschaftswoche-Sonderpreis DM 3200,–

Gerahmt DM 3590,–

Abb. 19 Anzeige in der Wirtschaftswoche (1999)

führenden Wirtschaftsmagazine zueigen, wenn sie ihren vermögenderen Lesern immer wieder einmal Graphik-Editionen anbieten oder Verkaufsaktionen zeitgenössischer Kunst veranstalten: Diese wird dann ähnlich wie ein potenzsteigerndes Mittel offeriert, und man streicht die Kraft oder Heilkraft eines Drucks heute eher heraus als die Rendite, die bei einem Wiederverkauf damit möglicherweise zu erzielen ist. Aber auch die Künstler wissen, was von ihnen erwartet wird, und richten bereits die Titel ihrer Arbeiten danach aus. So nennt A.R. Penck einen Zyklus von Radierungen, den die *Wirtschaftswoche* 1999 anbot, »Energiefeld-Urszenen« *(Abb. 19)*; dazu heißt es im Begleittext erwartungsgemäß, Penck lade »seine Figuren, die dargestellten Tiere auf so schöne Art und Weise auf, daß um sie herum ein wirkliches Energiefeld entsteht. Und dieses Energiefeld ist immer auch eins, das durch seine besondere Ausstrahlung von Konzentration und Ruhe besticht«.

Als Energiespender und Streßkatalysator tritt moderne Kunst schließlich auch in Konkurrenz zu einem breiten Spektrum von Management-Seminaren, die mit oft seltsamen Methoden, welche von düsterer Esoterik bis hin zu Extremsport reichen, angeblich von zu engen Denkweisen befreien, neues Verhalten trainieren oder Führungsqualitäten stärken. Was in den Werbebroschüren zu solchen Seminar-Veranstaltungen steht, erinnert zumindest stark an das, was Führungskräfte in einer Umfrage von *Capital* als Gründe für ihre Beschäftigung mit moderner Kunst angeben: Man erwarte sich eine Erweiterung von Sichtweisen sowie die Loslösung aus eingefahrenen Denkmustern; ferner mache Kunst unabhängiger und verschaffe neue Anregungen.[50]

Teilweise wird moderne Kunst sogar selbst Gegenstand – und methodisches Hilfsmittel – von Management-Seminaren, wenn nämlich in »meditativen Kunstshows« versucht wird, ihr Potential optimal zur Geltung zu bringen: »Es ist wichtig, daß die Kunst nicht gesammelt wird, um auf Image, Prestige oder Wertzuwachs zu zielen, sondern auf das, was ich *Interfusion* nenne: die möglichst intensive und emotionale Verschmelzung eines Unternehmens mit der fließenden Geistigkeit im sozialen Umfeld.« Der Unternehmensberater Gerd Gerken, der diese Überzeugung äußert, erwartet von moderner Kunst, daß sie, besser als anderes, Managern zur Selbstreflexion sowie zur Veränderung ihrer Denkmodelle verhilft. Unkritisch werden hier Vorstellungen des Kunstbegriffs der Klassischen Moderne übernommen, da Gerken als selbstverständlich annimmt, daß Kunst ihrer Zeit voraus ist und über »Früh-Bewußtseins-Qualität« verfügt.[51] Das aber hieße: In ihr artikulieren sich andere Maßstäbe als in den übrigen Bereichen der Gesellschaft – und zwar genau die Maßstäbe, die über kurz oder lang allgemeine Gültigkeit erlangen.

Völlig unbeachtet bleibt jedoch die Frage, ob und wie sich die primär ästhetischen Merkmale bildender Kunst als Denkmuster oder Arbeitsweisen überhaupt auf ein Terrain wie das Management übertragen lassen. Indem man allgemein von »Früh-Bewußtseins-Qualität« oder »fließender Geistigkeit« der Kunst spricht, umgeht man diese Frage, die auch eine nach dem Verhältnis von Form und Inhalt sein müßte. Gerken ist aber immerhin so konsequent, die Unternehmen vor der Halbwertszeit von Kunst zu warnen: Nur solange ein Werk seiner Zeit voraus ist, bringt es Nutzen; bereits berühmte Künstler rentieren hingegen häufig nicht mehr, da sie »kaum frühe Bewußtseinsinhalte mehr transportieren«. Ihre Werke werden zur Dekoration, während ›frühe‹ Kunst »Provokations-Qualität« besitzt und entsprechend anstrengend ist. Auch hier wird nach dem Schema der Heilkunde verfahren, denn um von etwas Falschem, Veraltetem befreit zu werden und einen Fortschritt zu machen, muß man zuerst bittere Medizin schlucken: »Und das bedeutet auch, daß ein Unternehmen die Kraft haben muß, um eine längere bis lange Dissonanzphase zwischen Kunstwerk einerseits und Mitarbeitern andererseits durchzustehen.« Somit darf ein Kunstwerk auch nicht nach schon bekannten Kriterien beurteilt oder in eigene Erfahrungshorizonte integriert werden; bereits der Versuch, Konsens darüber herzustellen, verhindert, daß das Innovative daran zur Geltung gelangt: So kann man Kunst »nur *gegen* die bisherigen mentalen Grenzen« sammeln, und »eine Kunst, die im Unternehmen keinen Streit provoziert, läuft in die Gefahr, teure, dekorative Wichtigtuerei zu werden, die zugleich Null-Information ist«.[52]

Als Angestellter muß man es also offenbar ertragen, wenn der eigene Arbeitsplatz ein Schauplatz dauernder Provokation durch Kunst ist. Diese Apotheose des Neuen als des Provokanten erstaunt, da sie nur ein Zerrbild längst etablierter und auch überholter Kunstprogrammatik ist. Was insbesondere die Avantgarde der Klassischen Moderne an revolutionärem Fanatismus aufbot, um sich aus dem Abseits der Autonomie heraus Aufmerksamkeit zu verschaffen, wird nun für Management-Konzepte in Anspruch genommen. Damit fungiert Kunst heute als Medium eines neuen unternehmerischen Denkens, nachdem sie einst mit ehrgeizigen Ansprüchen auf Weltveränderung angetreten war.

So wenig die Künstler des Bauhauses, die Futuristen oder die Protagonisten von »De Stijl« die Sorge kannten, ob sie die Möglichkeiten der Kunst vielleicht nicht überschätzten, wenn sie in ihrer Arbeit weit mehr als einen Impuls zu ästhetischen Neuerungen sahen, so wenig zweifeln auch Unternehmensberater und Art-Consultants wie Gerd Gerken oder Helge Achenbach daran, daß sich gerade mit Kunst die entscheidenden Umschwünge und Innovationen in der Unternehmensführung erzwingen lassen. Für letzteren ist Kunst »Gegenwartsanalyse und Zukunftsforschung zugleich«, und er ist der Meinung, daß Unternehmen, die »sich im Wettbewerb nur behaupten können, wenn sie bereit sind, sich selbst in Frage zu stellen und schnell auf veränderte Bedingungen zu reagieren«, auf die Kunst und die Künstler zählen können: »Gerade weil die Künstler abseits vom Geschäftsalltag stehen, können sie Ideen entwickeln, die nicht Tagespolitik, Sachzwängen oder Parteidisziplin unterliegen, und an diesen Ideen sind die Unternehmen interessiert«.[53]

Mit solchen Thesen verstehen es die Berater und Consultants seit einigen Jahren, daß das Kunstengagement der Unternehmen nicht mehr nur als Ausdruck einer persönlichen Vorliebe einzelner Vorstandsmitglieder oder als neoaristokratische Sponsoren-Allüre gesehen, sondern zur grundsätzlichen Methodenfrage hochstilisiert wird. Damit wurden aber nicht nur neue Absatzmärkte geschaffen, sondern zugleich haben die Art-Consultants ihre Position gefestigt: Solange es lediglich eine Frage eher privaten Interesses oder persönlichen Geschmacks war, Bilder zeitgenössischer Künstler aufzuhängen, waren sie noch entbehrlich, doch sobald es um eine betriebswirtschaftlich begründete Implementierung von Kunst geht, scheint Fachkompetenz erforderlich; im Unterschied zu Werten gelten Methoden nämlich als Sache von Spezialisten. Wer sich also mit moderner Kunst gut auskennt und deren unternehmerischen Nutzen überzeugend darlegt, hat gute Chancen auf größere Aufträge. Seine Konkurrenten sind dann auch nicht mehr die übrigen Kultursparten oder soziale Institutionen, die um Spendenmittel ersuchen, sondern andere Unternehmensberater, die ihrerseits Methoden vorschlagen, um die innerbetriebliche Effizienz zu steigern.

Es ist noch zu früh, um zu beurteilen, wie sich ›methodisch‹ begründete Corporate Collections von anderen Kunstsammlungen unterscheiden und wie es sich auswirkt, wenn man sich jeweils nur um die Kunst bemüht, der das größte Provokationspotential oder die meiste Motivationskraft zugetraut wird. Der enzyklopädische Anspruch vieler Museen und Privatsammlungen, die die Autonomie der Werke hochhalten und diese deshalb für keine weiteren Zwecke beanspruchen außer sie als Zeugen ihrer Zeit zu konservieren, dürfte dort nicht anzutreffen sein. Verfolgten sie ihr Ziel über einen längeren Zeitraum hinweg konsequent, wären es wahrscheinlich sogar die spannenderen Sammlungen: Im Rückblick zu sehen, was verschiedene Jahrzehnte als besonders anstößig oder anspornend empfunden haben, sagt zumindest kulturgeschichtlich mehr aus als eine umfassende Dokumentation aller Trends, die jeweils registriert wurden.

Allerdings dürften sich Hoffnungen auf markante Sammlungen nicht erfüllen, da Unternehmen fast nie so entschieden bestimmten Maßgaben folgen, wie es manche Verlautbarung vermuten läßt. Nicht nur ist eine personelle Kontinuität der für Kunst Verantwortlichen eher selten, sondern auch die Beweggründe, Kunst zu sammeln, sind sehr stark Moden unterworfen. Ob der gegenwärtige Trend, im Zuge der allgemeinen Ökonomisierung auch Kunst als Investitionsgut zu präsentieren, also noch länger Bestand haben wird, ist nicht prognostizierbar, und schwer zu beurteilen ist ebenso, wie tief die Überzeugung von ihrem unternehmerischen Wert jeweils verankert ist. Zum Teil wirken die Argumente dafür nämlich wie nachgeschoben, um Fragen skeptischer Aktionäre zu begegnen oder um das eigene ökonomische Gewissen zu beruhigen, das sich bei rein mäzenatischen Anwandlungen meldet. Was spätbildungsbürgerliche Beflissenheit ist und was fortschrittliche Managementkultur, was eine traditionellen Werten verpflichtete Image-Aktion und was der Versuch, neue Möglichkeiten der Effizienzsteigerung zu erproben, läßt sich im Einzelfall nur schwer entscheiden. Da Kunst im Verlauf ihrer Begriffsgeschichte zu einer kaum umstrittenen Heilshoheit befördert wurde, ist sie nämlich auch Projektionsfläche für durchaus divergierende unerfüllte Wünsche, und meist gibt es nicht nur *einen* Grund, weshalb man ihre Nähe sucht.

Die Überforderung der Kunst ist ein Leitmotiv ihrer jüngeren Geschichte[54], und grundsätzlich empörte es die Väter der Avantgarde nicht einmal, daß den Werken von Malern und Bildhauern inzwischen eine so wichtige Rolle an Orten der Macht zugestanden wird. Die Angst der Künstler der letzten Jahrhundertwende, keine gesellschaftlich relevante Position zugewiesen zu bekommen, braucht die heutige Generation, sofern sie die entsprechenden Äußerungen ernst nimmt, also nicht mehr zu haben. Freilich: Mittlerweile haben nur noch wenige Künstler die Ambition auf eine solch wichtige soziale Funktion, und manche fühlen sich sogar eher in ihrer Autonomie bedroht, wenn Unternehmen zu forsch mit Aufträgen auf sie zukommen. So kritisiert etwa Hans Haacke in einer Reihe von Arbeiten den begehrlichen Blick, den Wirtschaft und Industrie auf die Kunst werfen. Eine dieser Arbeiten – bereits aus dem Jahr 1975 – besteht aus sechs Metallplatten, in die Haacke Aussagen amerikanischer Unternehmer graviert hat, die begründen, warum sie Kunst sammeln *(Abb. 20)*. Schon der Titel »On Social Grease« (Über soziale Schmiermittel) weist darauf hin, daß sie Kunst auf eine zweifelhafte Funktion reduzieren, und da eherne Platten üblicherweise humanistischen Sentenzen gewidmet sind, fällt ihre Instrumentalisierung zum rein ökonomisch beurteilten Image-Faktor um so krasser auf. Besonders ungeniert äußert sich ein EXXON-Manager, dessen Worte Haacke auf einer der Platten wiedergibt: »Die Förderung der Kunst durch EXXON dient der Kunst als einem gesellschaftlichen Schmiermittel. Und wenn das Unternehmertum in großen Städ-

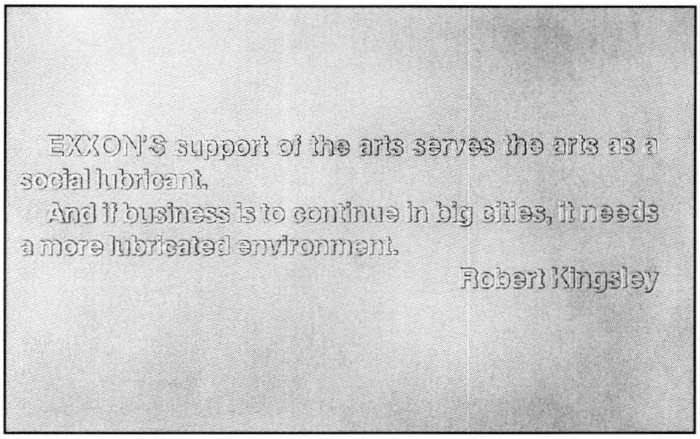

Abb. 20 Hans Haacke *On Social Grease* (1975)

ten fortbestehen soll, dann braucht es eine besser geschmierte Umgebung.«

Wenn Autonomie von Haacke und etlichen anderen Künstlern als unverhandelbar verteidigt wird, liegt dies daran, daß sie längst als rein positiver Wert verstanden wird, nämlich als Unabhängigkeit und die Freiheit, gegenüber Auftraggebern keine Zugeständnisse machen zu müssen. Doch ist zu fragen, ob die Autonomie durch das Kunst-Engagement von Unternehmen überhaupt behindert wird.[55] Immerhin suchen diese ausdrücklich nach einer Kunst, die mit Neuem, Fremdem, Provokantem überrascht: Nur insoweit sie sich als autonom präsentiert, wird sie als etwas angesehen, das sich betriebswirtschaftlich rechnen kann.

Autonomie gerät hier zur Ware, auf die Künstler zudem ein Monopol zu haben scheinen, was sie zu um so begehrteren Handelspartnern macht: Kunst soll als kalkulierter Störenfried und ähnlich einem unabhängigen Forschungslaboratorium in das unternehmerische Geschehen eingebaut werden; gerade als vermeintlicher Außenseiter, der sich den im Management vorherrschenden Denkgewohnheiten verweigert, wird sie zu einem nützlichen Impulsgeber und wirkt als Vorbild für diejenigen, die ihrerseits danach streben, in ihren Denkweisen möglichst flexibel und unkonventionell zu sein. »Kunst ist die geistige Störung der Wirtschaft, die es ihr ermöglicht, aus dem eigenen System herauszuspringen und Neues zu tun«, bekräftigt der Philosoph und Trendforscher Norbert Bolz.[56] Doch läßt auch er offen, wie denn eigentlich der Transfer von Kreativität ablaufen soll oder welche Innovationen sich konkret der Kunst verdanken. Da sich dafür nur schwerlich überzeugende Beispiele finden ließen, ist die Routiniertheit, mit der solch gefällige Statements ohne weitere Begründung abgegeben werden, zumindest verwunderlich und verrät ein hohes Maß unreflektierter Kunstgläubigkeit. Daß diese unwidersprochen bleibt und die Entscheidungsträger in Unternehmen zu einem bestimmten Handeln veranlaßt, ist freilich – nicht zuletzt wegen der damit verbundenen Kosten – um so schwerer nachzuvollziehen. So hebt etwa auch ein Vorstandsmitglied von *DaimlerChrysler* begeistert Parallelen von Kunst und Wirtschaft hervor und zeigt sich überzeugt davon, daß »durch die Konfrontation mit Kunst (...) die schöpferischen Kräfte der Menschen angeregt werden« können: »Deshalb ist die Integration und Unterstützung von Kunst im Unternehmen nicht nur ein spielerischer Luxus. Gerade durch sie können Mitarbeiter Impulse und Anregungen erhalten, die auch für die Wirtschaft unabdingbar sind.«[57]

Die meisten Kunstagenturen sind geschickt genug, die hohen, aber vor allem diffus-unterschiedlichen Erwartungen gegenüber zeitgenössischer Kunst nicht durch zu präzise Beschreibungen zu enttäuschen; vielmehr verstehen sie es, allgemein bleibende Verheißungen zu formulieren und so die Erwartungen noch zu steigern, wobei sie ebenfalls meist klassische Topoi des Kunstbegriffs modisch verpacken. Wenn also Kunst als »integraler Bestandteil gelebter Unternehmenskultur« gepriesen wird und »Kommunikation und Sympathie« fördern soll[58], klingt dies wie ein Nachhall romantischer Sehnsüchte, Kunst möge Einheit, Gemeinschaft und Wärme stiften. Dazu paßt, daß ein anderer Kunstberater verspricht, mit Kunst »Denk- und Arbeitsräume« zu schaffen, »die alle Sinne ansprechen, und damit den ganzen Menschen«.[59] Von denselben Agenturen wird Kunst ferner als Beitrag zu »humanen Arbeitswelten« oder als »Katalysator für die Bewußtseinsentwicklung am Arbeitsplatz« bezeichnet und damit einmal mehr als Heilmittel vorgestellt: Befreiung und Reinigung erhofft man sich von ihr, spätestens seit Schiller sie in seinen Briefen *Über die ästhetische Erziehung des Menschen* (1795) als die Instanz hervorhob, die den Menschen aus Entfremdung und Deformation erlöst und zu sich selbst zurückführen kann. Kunst als reinigende Gegenwelt zu Zivilisation, Technik und Rationalismus, als große ausgleichende und heilende Kraft – dieses Bild wurde in der Romantik vollendet und seither immer wieder neu variiert.

Damit wirkt Kunst in ihrer Autonomie auch nicht nur als Musterbeispiel für unternehmerische Strategien, verspricht nicht nur, ein betriebswirtschaftlich profitabler Faktor zu sein, sondern gilt gleichermaßen als kompensatorische Größe und Kontrast zum operativen Geschäft: Gestreßte Unternehmer oder auch Politiker flüchten sich zu ihr, weil sie eine Welt jenseits des bloß Materiellen und Ökonomischen, jen-

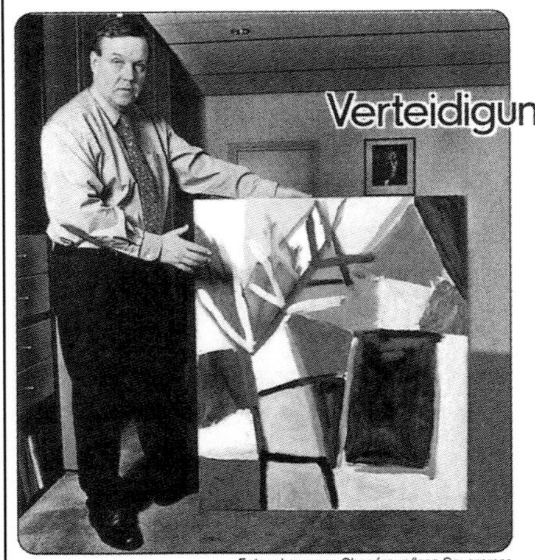

Verteidigungsminister Rühe (54): Ein Kunstwerk in Blau

Wenn Verteidigungsminister Volker Rühe von seinem Schreibtisch auf der Bonner Hardthöhe hochschaut, dann fällt sein Blick geradewegs auf ein außergewöhnliches Formenspiel an der Wand gegenüber: ein abstraktes Ölgemälde, überwiegend in wunderschönen Blau-Schattierungen gehalten. Es trägt den Titel „St. Wolfgang". Gemalt hat es 1993 die Künstlerin Maria Zerres (30), deren Arbeit Volker Rühe bei einer Ausstellung in der Bonner Kunsthalle auffiel. Kurz darauf kaufte sein Ministerium das Bild. Seitdem genießt der Minister jeden Tag die besonderen Augenblicke – „wenn mich das Bild aus meiner Aktenwelt für einen kurzen Moment in die Welt der Farben und Formen holt. Das beruhigt unendlich".

Fotos: Laurence Chapéroun/Iasa Coverpress

Abb. 21 Bild am Sonntag (23. 3. 1997)

seits von Alltag, Termindruck und Sachzwang suchen; die Kunst ist für sie oft sogar der einzige Hort des Transzendenten – und auf einmal doch nicht nur Vorbild für Managertugenden, sondern ein Korrektiv zu den Anstrengungen und Belastungen, die sich gerade aus der Pflicht zu diesen Tugenden ergeben.

So präsentierte ein Verteidigungsminister als sein »liebstes Stück« ein »Kunstwerk in Blau« *(Abb. 21)*, das ihn täglich »aus meiner Aktenwelt für einen kurzen Moment in die Welt der Farben und Formen holt«. Und weiter: »Das beruhigt unendlich.«[60] Hier verfehlte das Bild sogar seine Wirkung, wenn es hinter dem Schreibtisch hinge und als Stellvertreter der Person fungierte. Dafür scheint es, als Ort von Sinn und Identifikation, nochmals in anderer Hinsicht Ersatz für eine Flagge zu sein, auf die man im Zeitalter des Nationalismus mit Stolz und Rührung blickte, vermittelte sie doch ein Stück Lebenssinn, da sich in ihr häufig sakral überhöhte Ideale konzentrierten. Erst recht kann ein Kunstwerk, das kein zivilisatorisches Gebilde wie einen Staat zu repräsentieren hat, zum Asyl für überanstrengte Entscheidungsträger werden – ein Hort sonst unerfüllter Hoffnungen auf Harmonie und Heimat.

Einige Führungskräfte haben sogar eine deutliche Vorliebe für Künstler, die sich selbst als Heilsbringer und Vermittler höherer Sinnebenen verstehen. So dürfte der Chef eines Medienkonzerns, da er selbst Kunstgeschichte studiert hat, eine bewußte Entscheidung getroffen haben, wenn er in sein Büro ein Gemälde von Willi Baumeister gehängt hat (Abb. XXI). Dieser verfaßte als leidenschaftlicher Verfechter abstrakter Malerei ein Buch über *Das Unbekannte in der Kunst*, womit er das Neue ebenso wie das geheimnisvoll Transzendente meinte. Der Avantgarde-Topos verbindet sich hier mit dem Erlöser-Topos, denn – so Baumeisters Formulierung – »was der Künstler aus der Mitte herausschöpft, bewegt die Welt«. Es sei ein »nachhaltiges Erlebnis« – und weiter: »Es ist unerwarteter als alle zukünftigen Geschehnisse, denn es ist Erschaffung.«[61]

Um jedoch ein solches Erlebnis zu haben, darf der Kunstrezipient dem Werk nicht irgendwie gegenübertreten; vielmehr bezieht sich auch Baumeister – ausdrücklich – auf Schopenhauer, vergleicht das Kunstwerk mit einer »hochgestellten Persönlichkeit« und verlangt, »abzuwarten, bis das Werk sich einem mitzuteilen beginnt. Die Kräfte, die der Künstler dem Werk gab, offenbaren sich dem Betrachter, der sich aller Spannungen entledigt hat und den Willen beiseite läßt«.[62] Das überzeugt freilich kaum, führt doch der Rangunterschied gegenüber dem Kunstwerk eher dazu, sich diesem verkrampft – und nicht entspannt – zu nähern. Wem es dennoch gelingt, die angeblich spirituelle Kraft eines solchen Werks aufzunehmen, der erscheint in geistiger Komplizenschaft dazu. Und das heißt auch: Dessen Macht läßt sich um so besser legitimieren.

Der Vorstandssprecher von Siemens hat sich ebenfalls für einen Pionier der Abstraktion, nämlich für Emil Schumacher und zwei seiner Gemälde entschieden (Abb. 22); dazu ist er, wie er stolz erklärt, selbst »in die Galerien gegangen und ha[t] die Bilder ausgesucht«.[63] Schumachers Bilder werden meist als Werke eines Weisen gedeutet, der Zugang zu Sphären hat, die über die bloße Gegenwart hinausreichen. Als »Ursprungsbilder« bezeichnet Peter Handke sie sowie als »Grenz- oder Schwellenlandschaften«, die »eine Ursituation der Menschheit verge-

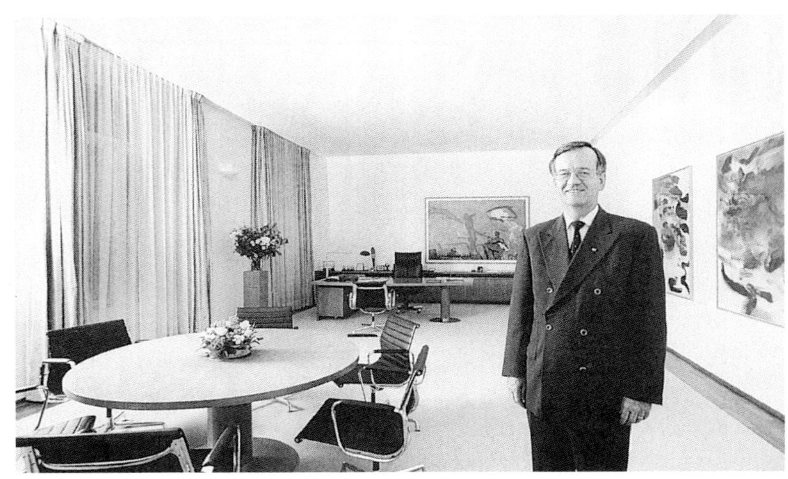

Abb. 22 Heinrich von Pierer (1997)

genwärtigen«. So stünden die Bilder Schumachers zwischen Chaos und Gestalt, und hielten Verbindung zu jenem geheimnisvollen, normalerweise nicht betretbaren Urreich des Bedeutens. Um so mehr ist der Künstler eine »ferne Figur«, ein Seher, der sich zum »unbekannten, größeren« Leben hin öffnet.[64] Vielleicht fasziniert gerade solches Pathos einen Spitzenmanager, von dem innerhalb des Unternehmens ebenfalls verlangt wird, als Visionär aufzutreten, weite, neue Horizonte abzustecken und noch Unbekanntes aufzutun. Entsprechend erwartet er von einem Kunstwerk Hilfe in schwierigen Situationen: Es möge ihn von dem Druck entlasten, den er in seiner verantwortungsvollen Position spürt, indem es eine – spirituelle – Heimat jenseits der Unternehmensziele zu bieten vermag. Gerade wer viel Macht hat, benötigt also nicht nur Bodyguards, sondern ebenso einen Psychopompos, einen Seelenführer – dies eine Aufgabe, deren Erfüllung viele von nichts so sehr erwarten wie von der Kunst.

Die Sinnerwartungen ihr gegenüber haben, ebenso wie ihre Einordnung unter ökonomische Kategorien, auch Resonanz im Werk einzelner Künstler gefunden. So wurde Thomas Huber mit Bildern und Installationen bekannt, die den gegenwärtigen Status der Kunst erörtern und die er häufig um erklärende Vorträge oder Texte ergänzt. Einer sei-

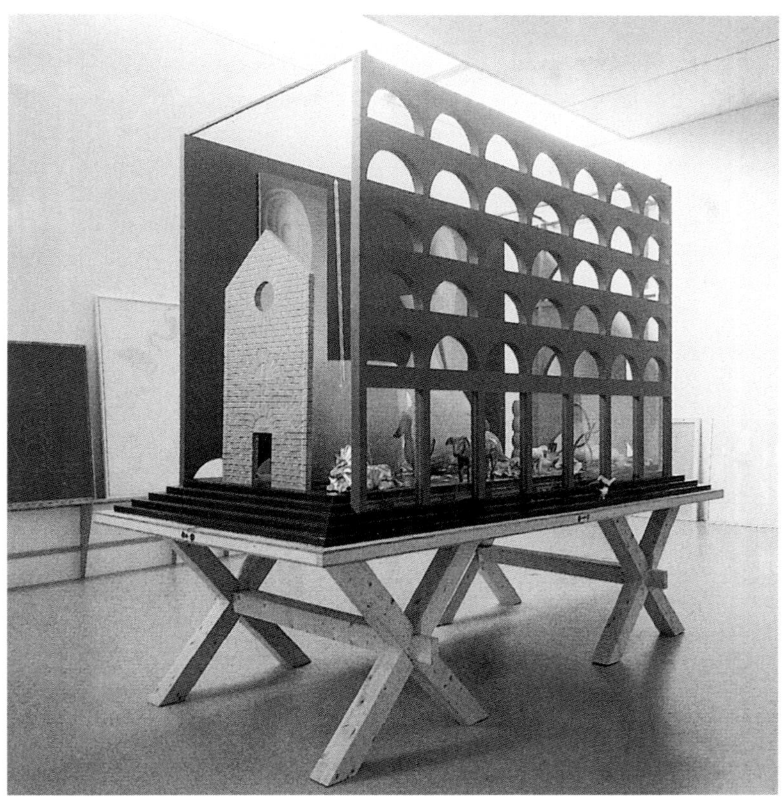

Abb. 23 Thomas Huber
Das Modell der Bank (1991)

ner größten Werkkomplexe behandelt die Banken als bedeutende Schauplätze zeitgenössischer Kunst wie auch als Zentren jeder modernen Gesellschaft, ist doch das Geld als allgemein gültiger Maßstab das einzige, was die Menschen über alle Unterschiede und selbst über verschiedene Sprachen hinweg verbindet. In zwei Vorträgen, die zu einem Bankmodell (*Abb. 23*), sowie einem Gemälde (Abb. XXII) mit dem Titel »Die Bank« gehören, beschreibt Huber die Bank als Herd, an dem die Menschen zusammenkommen, da sich hier ihre Sinnerwartungen konzentrieren.

Dabei sieht Huber im Künstler den Herdmeister, der das nach Sinngebung verlangende Kapital in Kunst verwandelt und damit einen sichtbaren Gegenwert schafft. Daß Banken heutzutage so viele Gemälde und Graphiken erwerben, wird also als Versuch interpretiert, Geld mit Sinn zu füllen; es in Kunst anzulegen, besitze zudem einen großen Vorteil, da der durch sie verkörperte Sinn ebenso allgemein anerkannt werde wie das Geld selbst: »Es gab eine Zeit, da die Banken damit begannen, Kunst zu kaufen. Bilder, Skulpturen und Graphiken fanden Einzug in die Eingangshallen, Chefetagen und Büros der Banken. Banken setzten in zunehmender Weise ihr Kapital in Kunst um. Veranschlagtes Ziel der Ankäufe war, die Verbindlichkeit der Währung mit Kunst zu decken.«[65] Hier suggeriert Huber – unklar, mit wie viel Ironie –, eine romantische Künstlerphantasie habe endlich ihr Ziel gefunden: Die Kunst spielt nicht mehr die Rolle eines Außenseiters, sondern erfüllt eine zentrale Funktion innerhalb einer zentralen Institution der modernen Gesellschaft. Was sie an Werten schafft, wird weithin akzeptiert, und nie zuvor besaß die Kunst höheren Stellenwert als jetzt. Daß sie ihre angestammten – isolierten – Terrains der Museen und Galerien überschritten hat und an die Orte der Macht gelangt ist, belegt ihre eigene – neue – Macht.

Huber führt sodann die Metapher vom Künstler als Herdmeister aus: An seinem Arbeitsplatz, der Bank, verfeuere er das Kapital, um seine »Bildsubstanz« zu schöpfen. Das wird im Vokabular alchimistischer Prozesse beschrieben, und geheimnisvoll-spielerisch sind mehrere Stationen der Verwandlung des Gelds in Kunst angedeutet. Schließlich ist das Geld zur reinen Bildsubstanz geworden, hat sich in Wärme und damit in Sinn transformiert: »Das Kapital ist zur Seife verkocht, gelblich-weißlich, mit feinen Mäandern von grauer Farbe. Wenn die Seifenmasse ausgehärtet ist, zerschlage ich die gläsernen Gußformen und löse die Seifenblöcke vorsichtig heraus. Gut sichtbar für jedermann werden sie dann in der Mitte der Kassenhalle aufgestellt. Der Künstler hat sein großes Werk vollbracht. Ich habe Geld in Seife verwandelt. Das Kapital hat eine sichtbare Gestalt bekommen. Und es duftet.«[66]

Seife als Bildsubstanz und als Metapher für die Kunst? Was zuerst merkwürdig anmuten mag, ist von Huber als Schlußpointe des Vortrags gut vorbereitet, weshalb es nicht schwerfällt, aufzuzählen, welche Bestimmungen der Kunst hierin vereint sind. Sie decken sich mit denjenigen, die Banken und Unternehmen nennen, wenn sie ihr Engagement für Kunst erläutern: Was duftet, löst besonders viele Assoziationen und Erinnerungen aus, weist dabei auch über die Realität hinaus, dient gar der Projektion unerfüllter Wünsche und vermag so zu motivieren. Der Hauptzweck von Seife besteht jedoch in der Reinigung; sie symbolisiert die kathartische Leistung der Kunst, die frisch macht und die Poren wieder öffnet für Neues.

Aber Seife ist auch noch anderes – nämlich Schmiermittel und damit genau das, was Hans Haacke als Mißbrauch der Kunst durch Unternehmen oder Banken verurteilt. Es ist nicht unwahrscheinlich, daß Thomas Huber mit der Seifen-Metapher auf Haackes Arbeit Bezug nimmt, um zwar zu bestätigen, wie sehr Kunst im Widerspruch zu ihrer vermeintlich hohen Bestimmung skrupellos instrumentalisiert werden kann, um zugleich aber die Kritik daran zu relativieren. So ist ihm und seiner Generation der Geist von 1968, der Haacke noch prägt, fremd, und indem er das Bild vom Schmiermittel zur Metapher der Seife ausweitet, mildert er die Polemik und gesteht Banken und Unternehmen ein breiteres Spektrum an Kunst-Interessen zu. Während Haacke die Eroberung der Autonomie durch kunstfeindliche Mächte befürchtet, bedeutet es für Huber, selbst Macht zu haben, wenn man als Künstler in die Zentren moderner Macht vordringen kann. Also gibt es auch keinen Grund, sich diesen Institutionen zu verweigern, und für Huber ist es selbstverständlich, daß seine Arbeiten in Kunstsammlungen von Banken hängen: Autonomie ist nicht mehr unveräußerbar, sondern tatsächlich eine Ware geworden. Als Künstler versucht man, damit hohe Preise zu erzielen und es auszunützen, daß kaum etwas als Statussymbol ähnlich begehrt und so weithin wirksam ist wie die zeitgenössische Kunst.

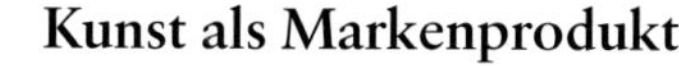

Kunst als Markenprodukt

Begriffsarbeit als Marketing

Moderne Kunst besitzt kein Monopol auf Transzendenz. Auch wenn sie für viele die Nachfolge der Religion angetreten hat, ist ihr darin, wie auch in einer Vielzahl esoterischer Strömungen, mächtige Konkurrenz geblieben. Aber in den letzten Jahrzehnten erschienen noch weitere Aspiranten auf der Bühne der Sinnstifter: Es sind Markenprodukte, die zunehmend mit ideeller Bedeutung und hohen Werten aufgeladen werden. Zu Beginn der Warenhauskultur im späten 19. Jahrhundert und dann verstärkt in der Nachkriegszeit entstanden, sollten sie den im neuen System der Selbstbedienung auf sich gestellen Kunden zuerst nur Orientierung bieten: Nicht mehr ein Verkäufer empfahl eine Ware, sondern diese mußte sich selbst empfehlen; wiedererkennbares Design signalisierte hierbei stabile Qualitätsstandards.[67] Doch daraus ergaben sich persönliche Bindungen, und zunehmend wurden mit einzelnen Waren bestimmte Werte oder Lebenshaltungen assoziiert. Das blieb freilich nicht unerkannt, und bald wurde mit kostspieligen und differenzierten Marketingstrategien das Image der einzelnen Markenartikel schärfer profiliert und ihre jeweilige Zielgruppe aktiv organisiert. Als Zentren ideeller Wertschöpfung erlangten die Marketing-Abteilungen in den Unternehmen große Bedeutung, so daß mittlerweile für die Produkte wenigstens einiger Branchen ein mit Utopien und Emotionen angereichertes Image – ein ›semantischer Mehrwert‹, wie es gerne heißt – stärker zum Absatz beiträgt als bestimmte Produkteigenschaften. Eine gewisse Emanzipation vom Material- und Gebrauchswert, in der Kunst bereits seit dem 18. Jahrhundert zu beobachten, hat damit auch die Welt der Markenartikel erreicht.

Seit den 1990er Jahren wird sogar ausdrücklich Kultmarketing propagiert und ist etwa in der Mode oder bei Automobilen zum Prinzip der Markenführung geworden: Man versucht, Produkte mit mythischen Mustern in Verbindung zu bringen, ihnen eine Aura des Geheimnisvollen, Futuristischen oder Archaischen zu verleihen oder aber die Konsumenten dadurch zu emotionalisieren, daß man die Geschichte eines Markenartikels sentimental nacherzählt. Das Schlagwort vom ›postmaterialistischen Zeitalter‹ drückt aus, daß in einer Zeit von Wohlstand und materieller Bedarfssättigung die Wünsche nach Sinn, Transzendenz und Identifikation in den Vordergrund treten.[68] Eifrige Trendforscher entdecken für die Marketing-Experten also immer neue Themen, die sich mit Bedeutung füllen lassen, und versäumen es dabei auch nicht, die Begründung für ihre Tätigkeit gleich selbst zu liefern: »...die mythologische, die kultische Bedeutung der Marken muß schon deshalb steigen, weil sich die westlichen Gesellschaften (...) im Übergang von Überfluß- zu Überdrußgesellschaften befinden. Das heißt: Immer weitere Kreise der stilbildenden Schichten suchen nach mehr und mehr ›Spiritualität‹ in den Warenkonzepten.«[69] Dieser Spiritualität Raum zu geben, wird somit zur entscheidenden Aufgabe zahlreicher Markeninszenierungen, die natürlich auch längst über das Design bloßer Warenästhetik hinausgehen und in Markentempeln, Erlebnis-Malls oder Themenparks aufwendige Höhepunkte finden. Erstmals ist inzwischen eine Generation erwachsen geworden, deren Identität sich wesentlich durch Markenprodukte definiert – und die das auch weiß, wie die seit einigen Jahren immer prominenteren Auftritte von Markenartikeln in der Literatur beweisen.[70] Im Ausland zu sein, merkt diese Generation zuerst dann, wenn in einem Supermarkt die vertrauten Labels fehlen; umgekehrt fällt die Globalisierung daran auf, daß selbst in fernen Ländern dieselben Marken angeboten sind wie zuhause.

Zugleich beginnt eine Abkehr von vielem, was bisher als Luxus galt, nämlich von Statussymbolen wie Gold oder einem Jagdrevier, die vor allem begehrt waren, weil sie aus seltenem Material oder knappen Ressourcen bestanden. Luxus ist aber auch diese Abkehr vom Luxus, nicht nur weil sich darin eine wohlstandsverwöhnte Gleichgültigkeit gegenüber ›bloß‹ Materiellem ausdrückt, sondern weil nach wie vor besonders viel kostet, was – nunmehr in ideellem Sinn – begehrt ist. Flüchtet man sich in Notzeiten in die Religion und in Exile des Geistes, weil sie als einziges an keine materiellen Voraussetzungen gebunden sind und Trost gewähren, wird in Wohlstandszeiten gerade auch die Sehnsucht nach Intensität, Zugehörigkeit und Transzendenz kommerzialisiert und den Gesetzen von Angebot und Nachfrage unterworfen. Es bilden sich Märkte mit Produkten, die höheren Sinn verheißen, während in Zeiten allgemeiner Armut das Geistige und Ideelle so sehr als Gegenteil des Materiellen verstanden wird, daß man gar nicht erst versucht, Preise dafür festzulegen. Immaterielles als Ware ist also ein Wohlstandsphänomen, wobei sich die Reichsten von der Mehrheit absetzen, indem sie Dinge zu Statussymbolen wählen, die nicht nur über eine besonders starke Aura verfügen, sondern deren Verbreitung sich vor allem auch regulieren läßt. Da es die Massenmedien verhindern, daß eine Elite den ideellen Wert etwa von Literatur, Film oder Musik für sich allein abschöpfen kann, nehmen bei den Wohlhabenden die oberen Ränge der Sinnstiftung bevorzugt Gemälde, Designermöbel oder Markenkleidung ein: Hier ist es leichter, den Zugang zum vermeintlich Echten und Transzendenten abhängig von ökonomischen Voraussetzungen zu machen und damit zugleich Statussymbole zu kreieren, die nicht von jedermann beliebig übernommen werden können.

Wie sehr moderne Kunst zu dieser neuen Generation von Statussymbolen zählt, ist schon daran zu erkennen, daß ihr jeweiliger Rang von Trendmagazinen so analysiert wird, als handle es sich um Weinsorten, Urlaubsziele oder Designerware. *Capital* veröffentlicht seit 1970 einen – oft bekämpften, aber um so einflußreicheren – »Kunstkompaß«, der alljährlich jeweils im November eine Weltrangliste der hundert wichtigsten zeitgenössischen Künstler verzeichnet, mit genauen Punktzahlen und einer Preisbewertung. Statistiken und Bilanzen sollen die komplizierte Kunstszene Managern und Ökonomen nahebringen und geben Hilfestellung bei eventuellen Kaufentscheidungen: Daß Gerhard Richter im Verhältnis zu seinem Platz auf der Rangliste »günstig«, Sigmar Polke »preisgerecht« und Robert Rauschenberg »sehr teuer« sei, erfährt man hier ebenso wie Jahrespunktsieger, die innerhalb eines Jahres »den höchsten Zuwachs an Ruhmespunkten gewannen«, oder wie die Namen von »Nachrückern«, die »das Potential für den Durchmarsch nach ganz oben unter die Top 100 haben«.[71]

So wie einzelne Künstler hier als Markenlabels gehandelt werden und sich längst entsprechend verhalten, da sie mit ihrem jeweiligen Stil und dadurch, wie sie in der Öffentlichkeit auftreten, eine Corporate Identity schaffen, erscheint die Kunst auch insgesamt als hochwertiges Markenprodukt. Man kann aber sogar noch weitergehen und in ihr den Vorläufer aller modernen Markenprodukte und zugleich deren übergroßes Vorbild sehen: Immerhin wurde nichts anderes ähnlich stark und schon so lange wie sie über ideelle Eigenschaften definiert, pflegen doch Philosophen, Kunsttheoretiker und Künstler einen hohen und exklusiven Begriff von Kunst seit mehr als zweihundert Jahren mit kontinuierlichem Ehrgeiz. Wenn moderne Kunst heute als vielschichtiges Statussymbol Erfolg hat und sich gerade den Mächtigen als ideales Herrschaftszeichen anbietet, ist das also Ergebnis einer langwährenden Begriffsarbeit, die Werbekampagnen üblichen Zuschnitts bei weitem in den Schatten stellt.

Die wesentlichen Strategien dieser Begriffsarbeit sind jedoch einfach: Im Grunde genügte es, der Kunst beharrlich herausragende Fähigkeiten zu attestieren – Katharsis, Psychotherapie, Revolution, Sinnstiftung – und sie zugleich strikt von anderem – von Unterhaltung, Design oder Dekoration – zu unterscheiden. Mit den Techniken von Heraushebung und Reinhaltung operieren genauso Imagekampagnen, doch sind diese meist viel kürzer oder – immer noch – ziemlich eindimensional angelegt. Allerdings beginnen einige Firmen, Methoden der Vermarktung von Kunst zu kopieren, um ihre eigenen Produkte weiter zu überhöhen. Man stellt Konsumgüter etwa in limitierter Auflage her und weckt damit den Sammlerinstinkt, der selbst in alltäglichen Gegenständen Fetische oder Reliquien zu erblicken vermag; vor allem suggeriert die Limitierung, es müsse sich um etwas Besonderes handeln, das so überdurchschnittliche Qualitäten besitze, daß es nicht ohne weiteres vervielfältigt werden könne.

Auch werden gerade manche Modegeschäfte schon wie Galerien oder Ausstellungsräume für moderne Kunst eingerichtet: Die Waren erscheinen als Exponate, als Einzelstücke von besonderer Bedeutung, da sie jeweils für sich in einem möglichst leer und sauber gehaltenen Raum

– in einem ›white cube‹ – aufgestellt sind. Erhaben und hoheitsvoll wirken sie, wie es Fürsten im Sinne Schopenhauers angemessen ist – so als sei nichts würdig, in ihre Nähe zu kommen. Viele empfinden deshalb Schwellenangst und trauen sich nicht, einen solchen Raum zu betreten: Sie kommen sich unfein vor, schämen sich wegen der durchschnittlichen Kleidung, die sie tragen, oder dem Straßenstaub auf ihren Schuhen, befürchten, abgewiesen zu werden oder pikierte Blicke zu erhalten, wenn sie in eine derartig feierlich-sterile Atmosphäre einbrechen. Andererseits darf, wer ein so exklusives Marken-Exponat erwirbt, ebenfalls Ehrfurcht erwarten. Sich mit dem Anzug eines bekannten Couturiers zu kleiden, kann also wie das Posieren vor einem Gemälde moderner Kunst zur Machtgeste werden; allerdings ist Kunst für jedermann als solche auffällig und vermag deshalb ihre distanzierende Wirkung breit zu entfalten, während eine noble Kleidungsmarke eher als stilles und internes Erkennungszeichen taugt, das meist nur diejenigen identifizieren, die dasselbe Label tragen.

Wie ein Markenimage Aura entwickeln kann und deshalb die Preise steigen läßt, verspricht umgekehrt auch alles, was viel kostet, mehr als bloß einen Gebrauchswert. Daß sich mit hohen Preisen Bedeutung inszenieren läßt, konnten Markenfirmen dabei ebenfalls von der Kunst lernen. Freilich ist eine solche Strategie nicht ohne Risiko: Zwar bietet die Verheißung ideeller Werte selbst schon ein Glücksmoment, stellt aber das eigentliche Glück erst in Aussicht; bleibt es aus, wird man Produkte der entsprechenden Marke vermutlich nicht erneut kaufen.

Aber ist Enttäuschung hier nicht ohnehin unvermeidbar? Und ist nicht naiv, wer glaubt, Sinn und Zugang zu höheren Sphären seien Konsumgüter? Zahlreiche Kritiker halten der Wohlstandsgesellschaft vor, unerfüllte Wünsche im Kaufrausch ersatzweise – und natürlich nur scheinbar – zu befriedigen; beklagt werden Maßlosigkeit und immer hektischere Konsumversuche. Doch Unruhe und Unrast folgen vor allem daraus, daß man von den Waren – und insbesondere von Markenartikeln – nicht nur einmalig, sondern kontinuierlich spirituelle Dienstleistungen erwartet. Die meisten Produkte erscheinen jedoch bald schal gegenüber den Verheißungen, mit denen bereits wieder für andere Artikel geworben wird. Vor allem im Zuge des Kultmarketings evozieren Werbespots, Produktpräsentationen oder pompös gestaltete Events Stimmungen, die zu dem Schluß verleiten, man könne sich mit einem neuen Artikel zugleich eine bestimmte – und noch größere – Portion Sinn und Transzendenz kaufen. Gerade solange man diesen Artikel noch nicht besitzt, entwertet er das bereits Gekaufte, kann er doch Gegenstand ausgedehnter Phantasien und Hoffnungen sein.[72] Ein Konsumkritiker, der sein Geschäft ernst nimmt, hätte deshalb auch eher die Sehnsucht der Menschen nach immer noch mehr – und maßlos viel – Sinn zu verurteilen als ihren Materialismus.

Genau hier unterscheidet sich die Vermittlung moderner Kunst jedoch vom Marketing anderer Markenprodukte und ist ihm überlegen. Da moderne Kunst nämlich als schwer zugänglich und spröde gilt, wird nicht so getan, als genüge bereits der Erwerb eines Werks, um seine Bedeutung und sinnstiftende Qualität umfassend zu erfahren. Vielmehr ist Kunst so exklusiv, ihre Hoheit so selbstbewußt, daß sie es sich leisten kann, dem Konsumenten keine voreiligen Hoffnungen zu machen. Der Kunde ist nicht König, sondern die Kunst der Fürst! Deshalb wird es für den Rezipienten auch zu einer Frage seines Verhaltens, seiner Einfühlung, Vorbildung oder intellektuellen Wachheit und nicht zu einer Frage seiner Kaufkraft erklärt, ob sich erfüllt, was das Kunstwerk an sich verheißt. Entsprechend wendet sich der Kunstkonsument nicht gleich enttäuscht davon ab, wenn ihm Glückserlebnisse und Sinnstiftung vorenthalten bleiben. Er akzeptiert, daß ein Kunstwerk nur mit Zeit und Geduld erobert werden kann, bis es sich – plötzlich oder allmählich – offenbart.

Als unkalkulierbares Wechselverhältnis von Distanz und Nähe, Abweisung und Präsenz wird die Erfahrung der Kunst zumindest seit dem 18. Jahrhundert beschrieben und spielt etwa schon bei der Definition des klassischen Skulpturenideals eine wichtige Rolle, in dem sich viele Topoi des bis heute gültigen Kunstbegriffs erstmals konstituierten: Schroffes Befremden und harmonische Verschmelzung, Kälte und Wärme sind jeweils zwei Pole, die gleichzeitig wirksam werden können. Im weiteren wurde dieser Kunstbegriff auch normativ für die neu entstehenden Werke, so daß die Entwicklung der Moderne sogar als Annäherung oder Anpassung daran zu interpretieren ist: Abstraktion oder die Verweigerung erzählender Inhalte gehören zu den Techniken der Distanzierung vom Betrachter und seinen Erwartungen, während andererseits etwa der entschiedene Einsatz von Farbe und Geste die Präsenz eines Werks und seinen Anspruch auf Authentizität erhöhen soll.

Die Strategien der Verweigerung wirken zugleich als Verheißung, da die Epiphanie des Kunstwerks dadurch verschoben wird. Anstatt sich abzuwenden und Sinn oder Läuterung von anderem zu erhoffen, das mehr verspricht oder das es bequemer verspricht, glaubt man lieber an die eigene Bewährung. Ähnlich wie einst im Christentum wurde in der Kunst die Naherwartung also in einen allgemeinen Adventismus transformiert. Fortgesetzt Verheißung sein und deshalb, ähnlich einem ‹deus absconditus‹, gar nicht enttäuschen zu können, ist ihre besondere Qualität, und es fasziniert an der Kunst die Verbindung zwischen An- und Abwesenheit von Bedeutung, eine Existenzweise im Potentialis.

Kunstrezeption zu temporalisieren und damit weder einen bestimmten Zeitpunkt – etwa den des Erwerbs – zum definitiven Offenbarungstermin zu erklären, noch Anspruch auf eine kontinuierliche Sinnstiftung durch das Werk zu erheben, hat es also erlaubt, Kunst weitgehend dem Kreislauf von Konsumenttäuschung und erneutem Konsum zu entziehen. Dies war freilich nur in Verbindung mit anderen Elementen im Begriff – im Image – der Kunst möglich: Etwa schon allein weil Kunst als vieldeutig und unerschöpflich ausgegeben wird, gilt es als undenkbar, daß sie sich im Nu und auf einmal erschließe; ihr Überschuß führe vielmehr dazu, daß die Rezeption nie an ein Ende gelange, dabei jedoch keineswegs jedes Mal erfolgreich sein müsse, da Kunst eben auch geheimnisvoll und deshalb in ihrer Bedeutung nicht unbedingt durchschaubar sei.

Bei anderen Markenprodukten hingegen stellt man weder solch hohe Anforderungen an die Rezipienten – oder Kunden –, noch gibt es Tendenzen, den Rezeptions- bzw. Konsumakt zum unabschließbaren Prozeß auszuweiten. Aufgrund einer direkter erfahrenen Konkurrenzsituation überbietet man sich lieber darin, für alle – auch immateriellen –

Bedürfnisse mühelose und schnelle Abhilfe zu versprechen. Enttäuschungen sowie Markenuntreue sind also vorprogrammiert, während jemand, der auf Kunst zu setzen begonnen hat, nur selten wieder davon Abstand nimmt. Weniger tatsächliche Glückserfüllung als der Glaube, sich durch längerfristige Bemühung Heilswürdigkeit zu erwerben, ist dafür maßgeblich.

Der hohe Preis moderner Kunst steigert deshalb ihr Verheißungspotential auch noch weiter: Je mehr man dafür zahlen ›darf‹, desto imposanter ist der Gegenwert, den man dafür erwarten kann. Der Preis gilt als Rückversicherung und das Kunstwerk solange als unausgeschöpft, bis der Eindruck entstünde, es habe seinen Dienst geleistet. Kommt es dazu nicht, fühlt man sich freilich nicht betrogen, eben weil man überzeugt ist, daß Kunst ihren wahren Wert erst nach und nach offenbart. Der hohe Preis läßt hoffen, man habe viel und das Eigentliche immer noch vor sich; so wirkt er als Zukunftsversprechen. Deshalb stimmt auch nicht, was Jean Baudrillard beklagt hat, nämlich daß »die irrwitzige Spekulation um Kunstwerke« eine »Parodie des Marktes« sei, bei der man »jedes Äquivalenzgesetz (...) durchbrochen« habe[73]; vielmehr wird der Anspruch auf Äquivalenz sehr wohl gewahrt, aber in die Zukunft verlagert: Ihre Tendenz zur Verweigerung verleiht der Kunst den Nimbus von Utopie.

Erführe man sie als leicht konsumierbar, so daß man, früher oder später, vermuten könnte, ihre Potentiale ausgeschöpft zu haben, wäre Enttäuschung hingegen unvermeidbar. Zwar fände man sie dann vielleicht schön, aber kaum geheimnisvoll und schon gar nicht unvergleichlich, wie es sich eigentlich gehört, wenn man Summen zu zahlen bereit ist, die ihrerseits keinen Vergleich mit anderem zulassen. Kunst, die nicht suggerierte, immer noch mehr zu bieten, wäre also demselben Risiko ausgesetzt wie andere Markenprodukte. Andererseits können diese die Faktoren, die zur Überlegenheit der Kunst als Statussymbol führen, nicht ohne weiteres kopieren: Zwar lassen sich innerhalb weniger Jahre Eigenschaften mit einem Produkt verknüpfen, weshalb moderne Kunst auch nur eines von mehreren Statussymbolen ist, das Risikobereitschaft, Dynamik oder Bildung ausdrückt, doch bedarf es viel längerer Zeiträume, bis sich eine Hoheit etabliert, die nicht einmal enttäuscht, wenn sie mit dem, was sie an Sinn und Erfüllung zu bieten vorgibt, fast immer nur auf die Zukunft vertröstet. Ist das aber erst einmal erreicht, ist das Image ziemlich immun gegen Kritik und Zweifel, und es wird leicht, Erwartungen ins Maßlose zu steigern.

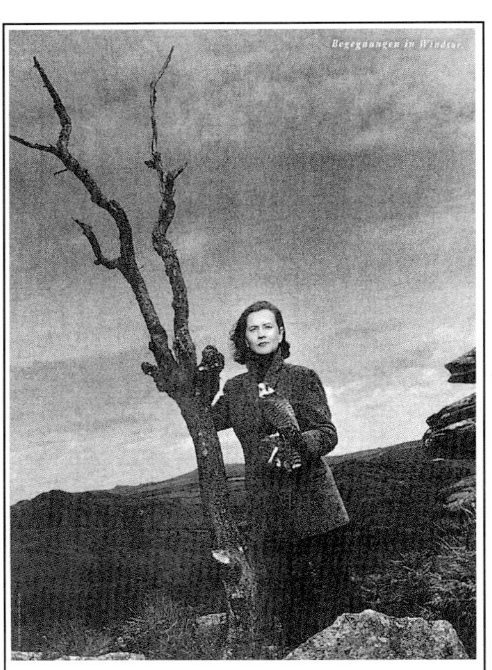

Abb. 24 *Windsor*-Anzeige: *Rosemarie Trockel* (1994)

Der Marktwert der Künstler

Zeitgenössische Künstler profitieren davon, daß das Image der Kunst über viele Generationen hinweg ohne Unterlaß profiliert wurde. Zugleich sind sie Nutznießer des gestiegenen Wohlstands, der immaterielle Güter in den Blick gerückt hat und zu begehrten Statussymbolen machte. Da Autonomie zur Ware geworden ist, die eine reiche Schicht bevorzugt für sich sichern will, besitzen Künstler gerade als Außenseiter ein gutes Image; deshalb können zumindest die erfolgreicheren nicht nur ihre Werke, sondern ebenso ihre Rolle kapitalisieren. Dies zeigt sich eindrucksvoll daran, daß bildende Künstler heutzutage als Werbefiguren ähnlich interessant sind wie Sportler oder Schauspieler: Sie sind Stars, mit deren Ruhm einige Markenfirmen gerne Geschäfte machen. Insbesondere auf Exklusivität setzende Labels hoffen, ihre Produkte mit der Würde – oder gar Hoheit – der Kunst zu versehen, wenn sie einen Künstler für eine Werbekampagne engagieren. Wie ein Manager oder Politiker mit einem Imagegewinn sowie Autoritätszuwachs rechnen kann, sobald er zusammen mit zeitgenössischer Kunst gezeigt wird, nützt es also einem Markenartikel, von einem Künstler als Accessoire benutzt zu werden.

In den letzten Jahren hat etwa die Bekleidungsmarke *Windsor* ihr Image durch Künstler und andere Kulturschaffende aufgewertet. Dazu wird in den Produktkatalogen oder Printanzeigen, in für Kunstfotografie üblichem Schwarz-Weiß, jeweils ein Ambiente inszeniert, das die Person charakterisieren soll, die *Windsor*-Kleidung trägt und dafür wirbt. 1994 sorgte Rosemarie Trockel für die erwünschte Aura, die dadurch noch ins Geheimnisvolle gesteigert wurde, daß ihr im Begleittext, der sie übrigens ausdrücklich als Künstlerin vorstellte, üblicherweise nicht miteinander vereinbare – aber durchaus kunsttypische – Eigenschaften zugesprochen wurden *(Abb. 24)*. So heißt es, Trockels Arbeiten seien »von eher karger Strenge«, werden zugleich aber als »intuitiv«

bezeichnet. Wie ein sprödes und dennoch zart-einfühlsames Wesen ist Rosemarie Trockel auch ins Bild gesetzt: Sie steht in einer einsamen Steppenlandschaft mit lediglich einem dürren Baum im Vordergrund. Auf dem Arm aber hält sie einen schönen, prächtigen Vogel, einen Falken, was die Aussage des Texts illustriert, ihr Werk lege »Paradoxien« offen und sei »ein Widerspruch, der Irritationen erzeugt«. Entsprechend soll man die Kleider von *Windsor* als seltsam-faszinierende Verbindung von Eigenschaften wahrnehmen, die sonst nur einzeln und einander ausschließend auftreten. Diese Paradoxie impliziert einzigartige Qualität, schafft aber ebenso Rätselhaftigkeit und bewirkt eine Überhöhung des Gebrauchswerts.

Jörg Immendorff, der in etlichen seiner Werke seit den 1960er Jahren engagierter als viele andere das gesellschaftliche Außenseitertum und die zivilisationskritische Rebellion des Künstlers aufgreift, vermarktete sich ebenfalls als Werbefigur für *Windsor*: Im Katalog von 1998 wird er, der sonst gern als Rabauke und Bürgerschreck mit bewußt schlechten Manieren und indezenten Äußerungen auftritt, über mehrere Seiten hinweg als gebändigtes Raubtier vorgestellt *(Abb. 25)*. Betont brav sitzt er in einem abgeschabten Sessel; doch um die Kraft und Wildheit zu zeigen, gibt es, ganz ohne *Windsor*-Accessoires, eine Großaufnahme allein seiner Hände, die, mit klobigen Ringen, grob und energisch erscheinen *(Abb. 26)*. Kein hypersensibler, feingliedriger Künstler wird hier vorgestellt, sondern man präsentiert ein ungestümes Wesen jenseits von Zivilisation und Etikette. Damit lebt auch ein Topos des Genie-Begriffs auf, artikuliert sich doch im Genie – so will es bereits das 18. Jahrhundert – die reine Natur und ungezügelte Kraft der Kreativität, die alle Konventionen sprengt und sich gegen die Gesellschaft stellt, welche die Triebe und das Naturhafte zu kanalisieren bemüht ist.

Daß Immendorff für ›wilde Natur‹ steht, deutet auf den *Windsor*-Anzeigen auch der Hintergrund an, der – manchmal etwas unscharf – einen geschnitzten Affen zeigt. Der Künstler wird damit – was durchaus Tradition besitzt[74] – in Bezug zu einem Tier gebracht, das er selbst zu seinem Epitheton wählte: 1987 schnitzte Immendorff den abgebildeten Affen, der mit beiden Händen einen Pinsel hält und als Maler auftritt;

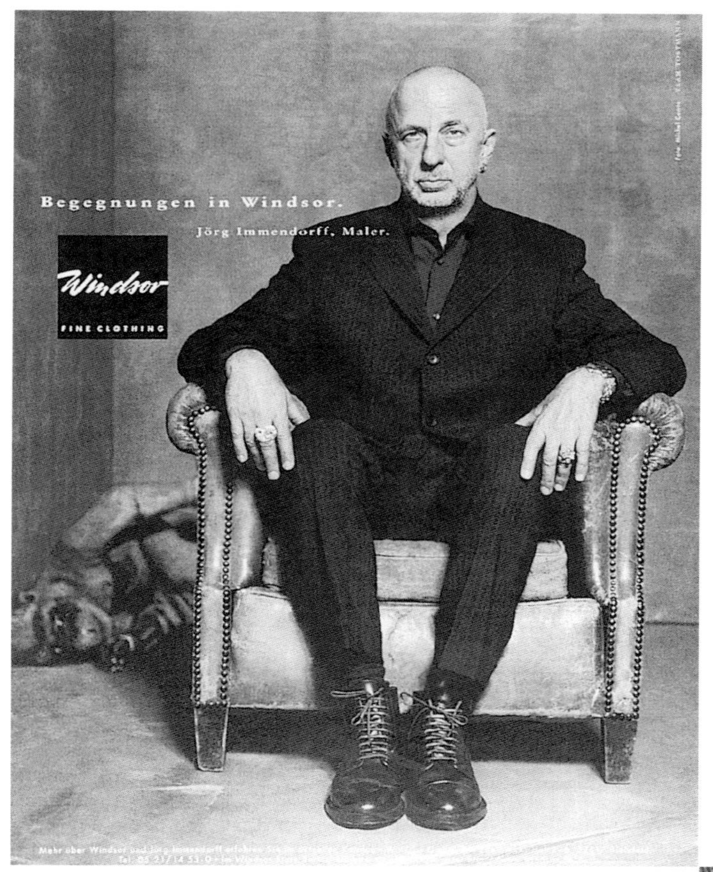

Abb. 25 und 26
Windsor-Werbung:
Jörg Immendorff und seine Hände (1998)

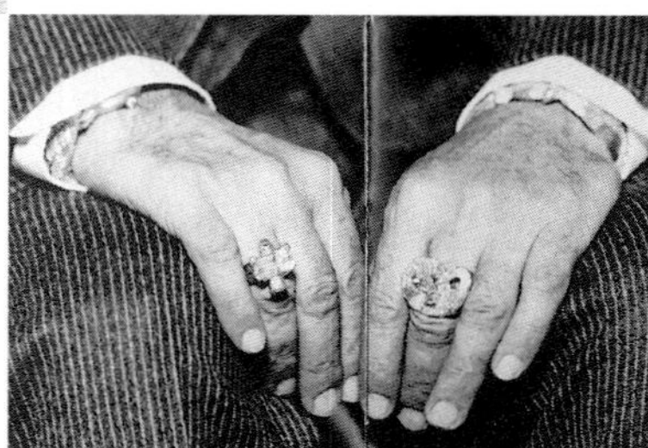

die Skulptur trägt den Titel »Der Malerfeind im Maler ist sein bester Freund«. Demzufolge wohnt im Maler ein Affe und damit ein umtriebiges Tier, ein Stück Natur, das einerseits sein Feind ist, weil es ihn in seiner Unberechenbarkeit immer wieder aus dem Konzept bringt, das andererseits jedoch schöpferische Potenz und Energie bedeutet. Immendorffs Affe illustriert somit jenen Genie-Topos, der den Künstler auch als Werbefigur interessant macht: *Windsor* erscheint als unangepaßt-originelle Marke, bei der man vor Kreativ-Überraschungen nie sicher sein

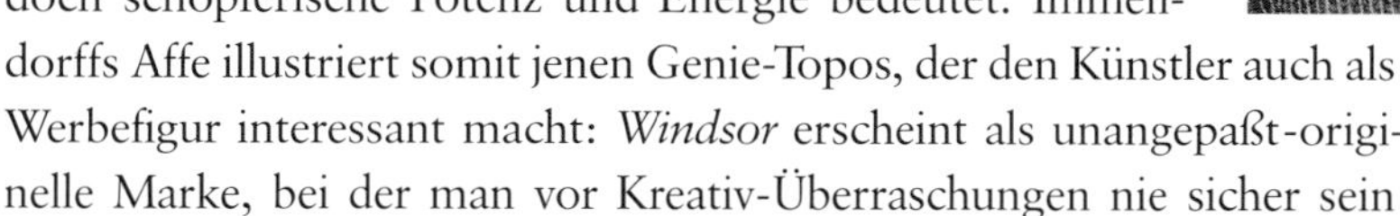

kann. Da der Affe in Immendorffs Werk mehrfach als Alter ego des Künstlers auftaucht, nimmt sich die Werbestrecke für *Windsor* sogar wie eine stimmige Ergänzung zu anderen Arbeiten aus. Immendorff läßt sich hier nicht für etwas Fremdes einspannen, sondern man bietet ihm eine Möglichkeit der Selbstdarstellung: Er kann – und soll – genau das Bild vom Künstler vermitteln, das er auch sonst propagiert, was die Authentizität der Werbung noch erhöht: Wenn Immendorff tut, was er immer tut, dann ist zu unterstellen, daß er nicht nur Modepuppe spielt, sondern tatsächlich von *Windsor* überzeugt ist.

Auch für die FAZ machte Immendorff Werbung, wobei wiederum der Typ des heftigen Malers erwünscht war *(Abb. 27)*: Er sitzt zeitunglesend in seinem Atelier, viel auffälliger jedoch ist, groß und im Vordergrund, der Ausschnitt eines seiner Gemälde, das ein Selbstporträt enthält. Hier ist der Künstler an der Schulter tätowiert, Blut tropft von der Wange, sonst ist sein Gesicht weiß geschminkt, er trägt ein Frauenkleid, und eine Seite der Brust ist entblößt – all dies Attribute eines antibürgerlichen Outfit. Der FAZ paßt dies freilich ins Konzept, will sie damit doch signalisieren, ihre Reichweite und Bedeutung sei so umfassend und ihr Charakter so überparteilich, daß sie selbst die großen Unangepaßten und Außenseiter der Gesellschaft erreicht. Zudem soll Immendorff den gerne als konservativ verschrienen Lesern der »Zeitung für Deutschland« schmeicheln: Wer FAZ liest, so die Botschaft, ist Individualist und nicht nur ein kluger, sondern ebenso ein kreativer und unkonventioneller Kopf.

Die BILD-Zeitung hat in Immendorff ebenfalls das Paradebeispiel eines modernen Künsters erkannt und widmet ihm viel Aufmerksamkeit. Nicht nur darf er sich dort gelegentlich als Kolumnist verdingen, sondern im April 2000 fand sich auf einer Zeitungsseite »die größte Kunst-Aktion, die es je gab«: Hier wurde ein Gemälde Immendorffs – »Mensch 2000« – in Originalgröße und farbig reproduziert, angeblich extra für BILD gemalt (Abb. XXIII).[75] Den Lesern suggerierte man, nun tatsächlich ein wertvolles Original zu besitzen, das auch fachkundig, mit säurefreiem Passepartout und gegen UV-Strahlen resistentem Glas gerahmt werden sollte; Immendorff stellte sich sogar für Signier-

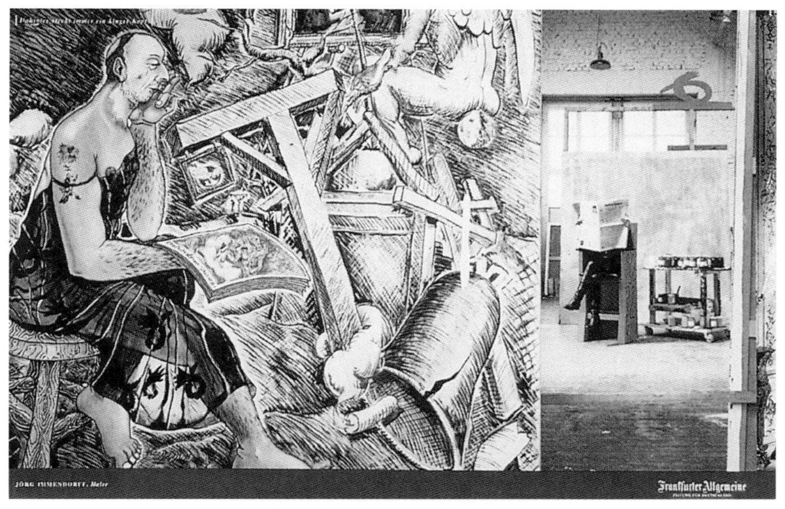

Abb. 27 FAZ-Werbung: *Jörg Immendorff* (1997)

stunden zur Verfügung, und schon in den Tagen zuvor, als die Leser in einer Reihe von Artikeln gewissenhaft auf die Aktion vorbereitet und in Immendorffs Biographie eingeweiht wurden, äußerten sich zahlreiche Prominente über die »tolle Idee« (Gerhard Schröder), »exklusiv« (Nina Ruge) ein so »kraftvolles« Werk (Michael Naumann) des »strahlenden Leuchtturms der zeitgenössischen Kunst« (Carl Haenlein) zu bekommen. So feierte sich die BILD-Zeitung als Anwalt des kleinen Mannes, der bei sich zuhause nun endlich auch einmal ein Statussymbol aufhängen kann, das sonst für die Reichen und Mächtigen reserviert ist: »Dieses Bild wäre für viel Geld wahrscheinlich im Museum oder einer Privatsammlung gelandet. Aber der Malerfürst stellte es BILD exklusiv zur Verfügung. Damit Sie, liebe Leser, ein Kunstwerk haben...« Freilich versäumte es BILD auch nicht, sich deshalb auf eine Stufe mit den großen Museen der Welt zu stellen, um so das eigene Image aufzuwerten. Kunst taucht damit einmal mehr als begehrter Markenartikel auf, dessen man mit immer neuen Tricks habhaft zu werden versucht.

Diese Aktion und der Personenkult, der dabei um Immendorff veranstaltet wurde, belegt exemplarisch, wie begehrt die Rolle ist, die der Künstler als Außenseiter *innerhalb* einer Gesellschaft spielt, die einen hochentwickelten Individualismus pflegt und unkonventionelles Verhalten sowie sogar Tabu-Brüche meist als etwas Positives wertet: Wenn fast jeder gerne das Image des Selbständigen und Unabhängigen besäße, eignet der Künstler sich besonders gut als Vorbild. Ein Maler wie Immendorff profitiert dabei nicht nur vom allgemein hohen Image moderner Kunst, sondern ebenso von den fast mythischen Künstler-Existenzen der Avantgarde-Generation, die den Typus des radikal-revolutionären Individualisten am stärksten verkörpern und die die BILD-Zeitung natürlich in ihren Artikeln über ihre Kunst-Aktion zitiert. So ist gerade die Vita von Van Gogh längst zu einem modernen Heldenepos geworden, immer wieder nacherzählt, gefeiert, dramatisiert und ein Maßstab für viele selbst im tragischen Ende: Dieses macht zwar den möglicherweise hohen Preis des Individualismus deutlich, doch erscheint eine Haltung um so authentischer und ehrlicher, wenn sie trotz Mißerfolgs konsequent gelebt wird. So gewinnt der Künstler im Scheitern Erhabenheit und wird in seiner Unbestechlichkeit zur moralischen Instanz. Und was könnte ihn besser zu einem Werbeträger disponieren als eben dies?

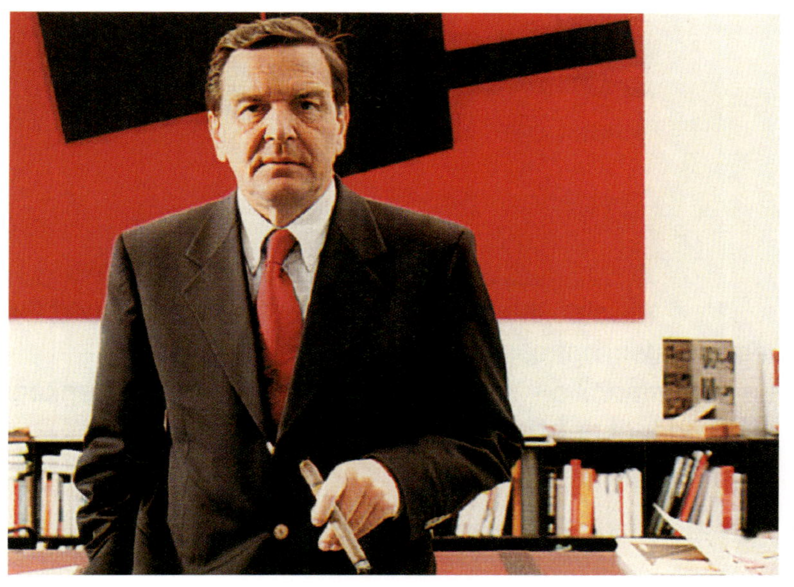

Abb. I *Gerhard Schröder* (1998)

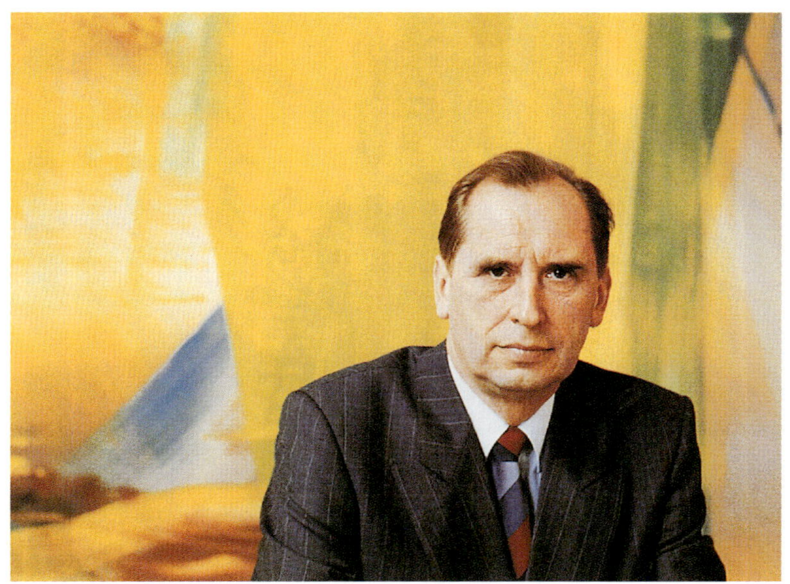

Abb. II *Edgar Janett* (1996)

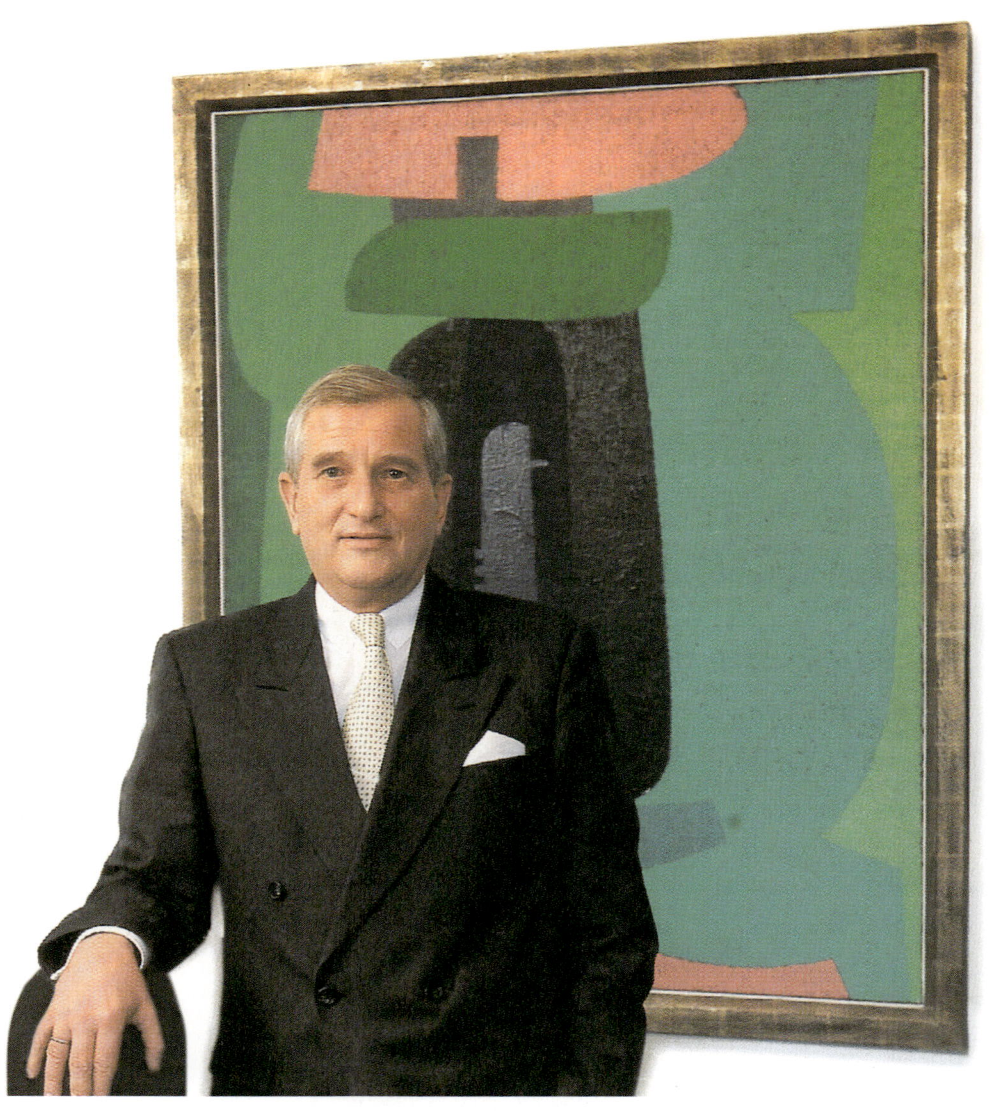

Abb. III *Bernhard Walter* (1998)

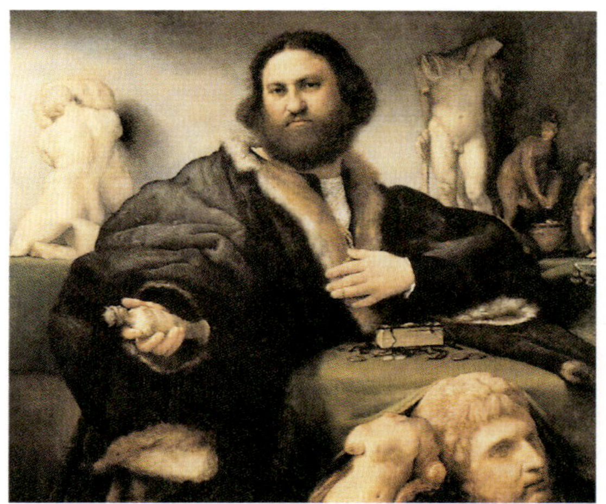

Abb. IV Lorenzo Lotto
Andrea Odoni (1527)

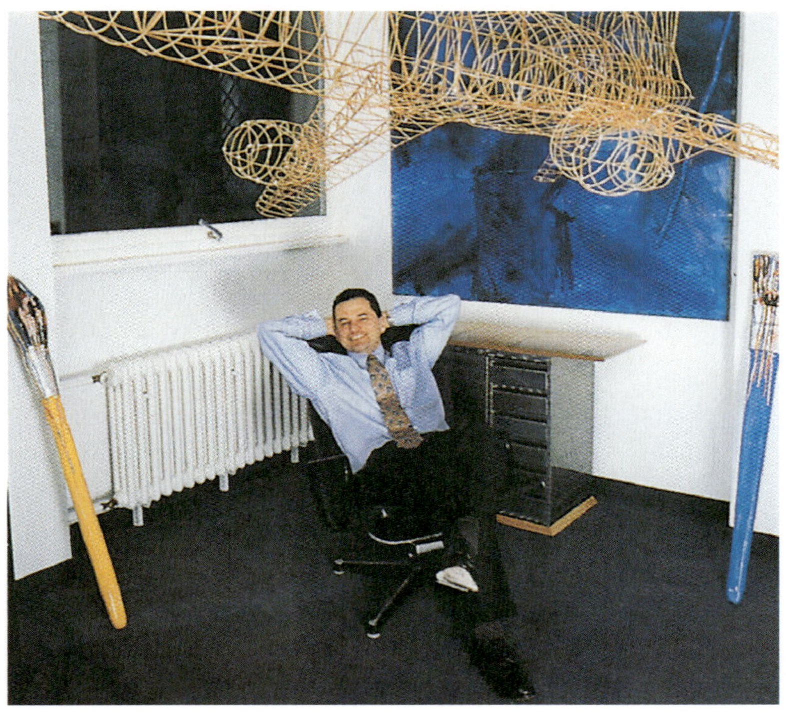

Abb. V *Sebastian Korts*
(1997)

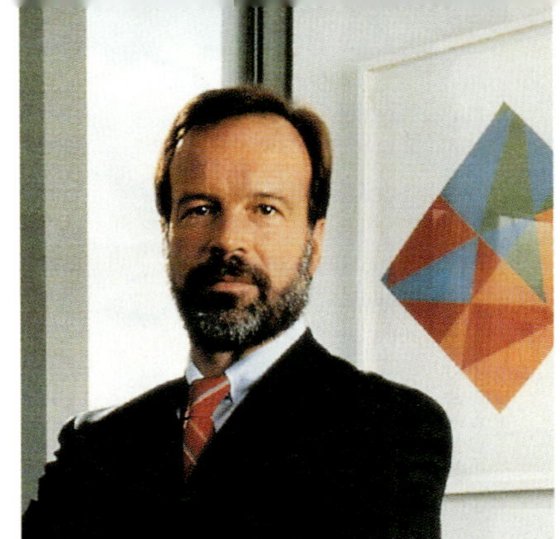

Abb. VI *Norbert Walter* (1995)

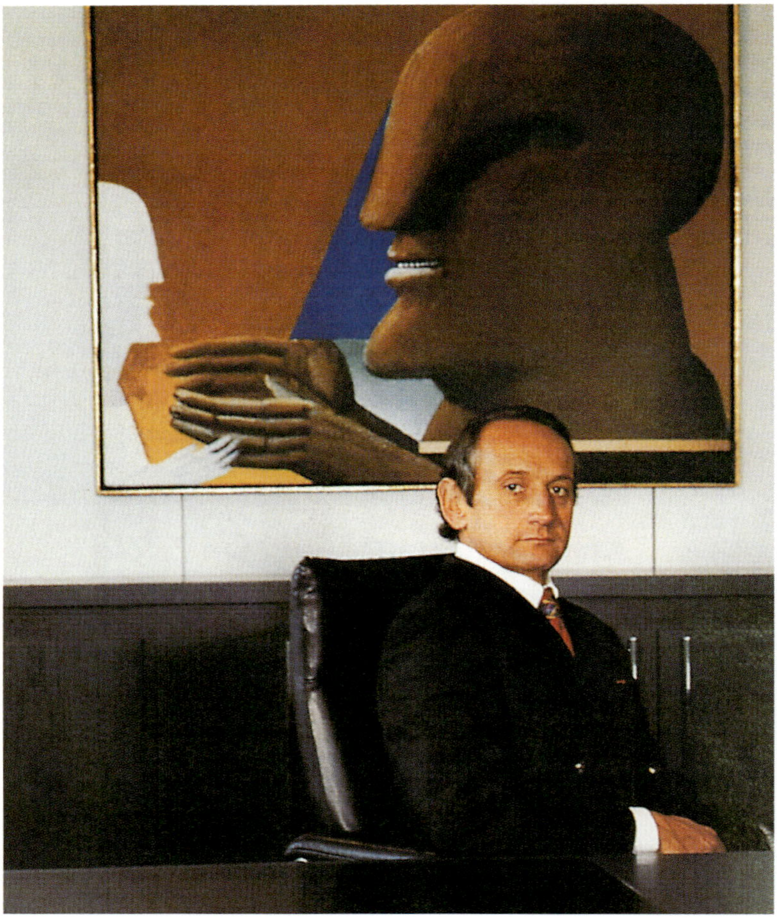

Abb. VII *Klaus Birkel* (1993)

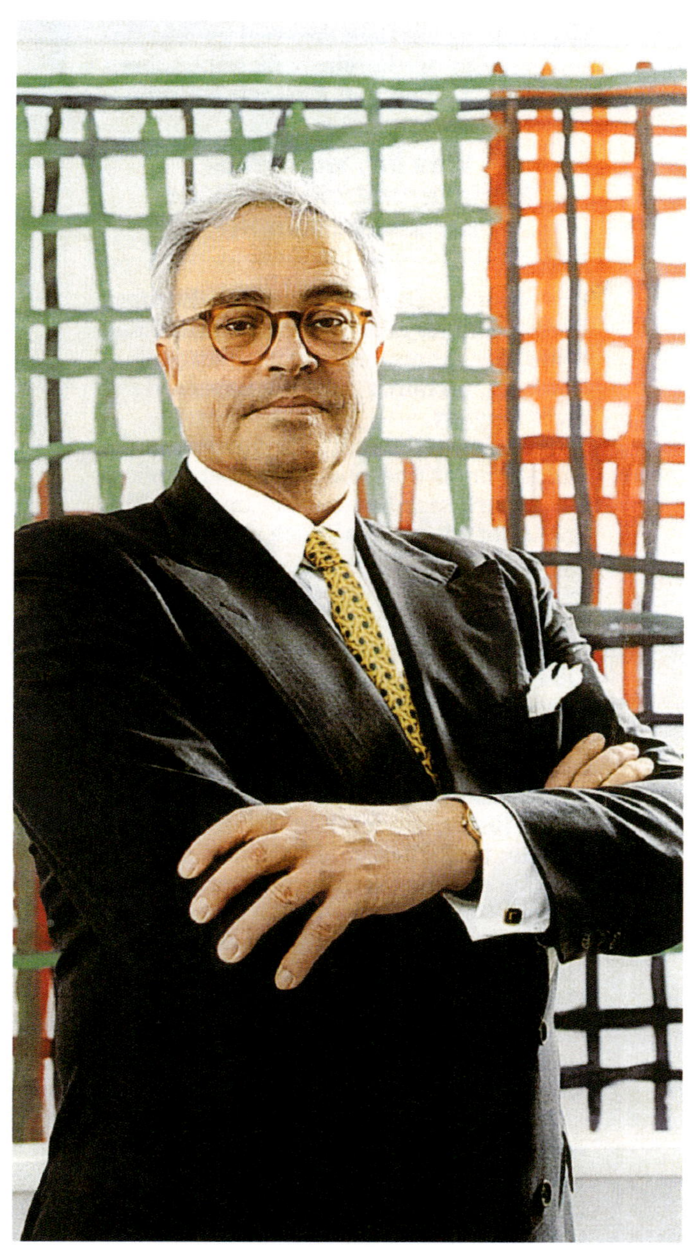

Abb. VIII *Rolf Breuer* (1997)

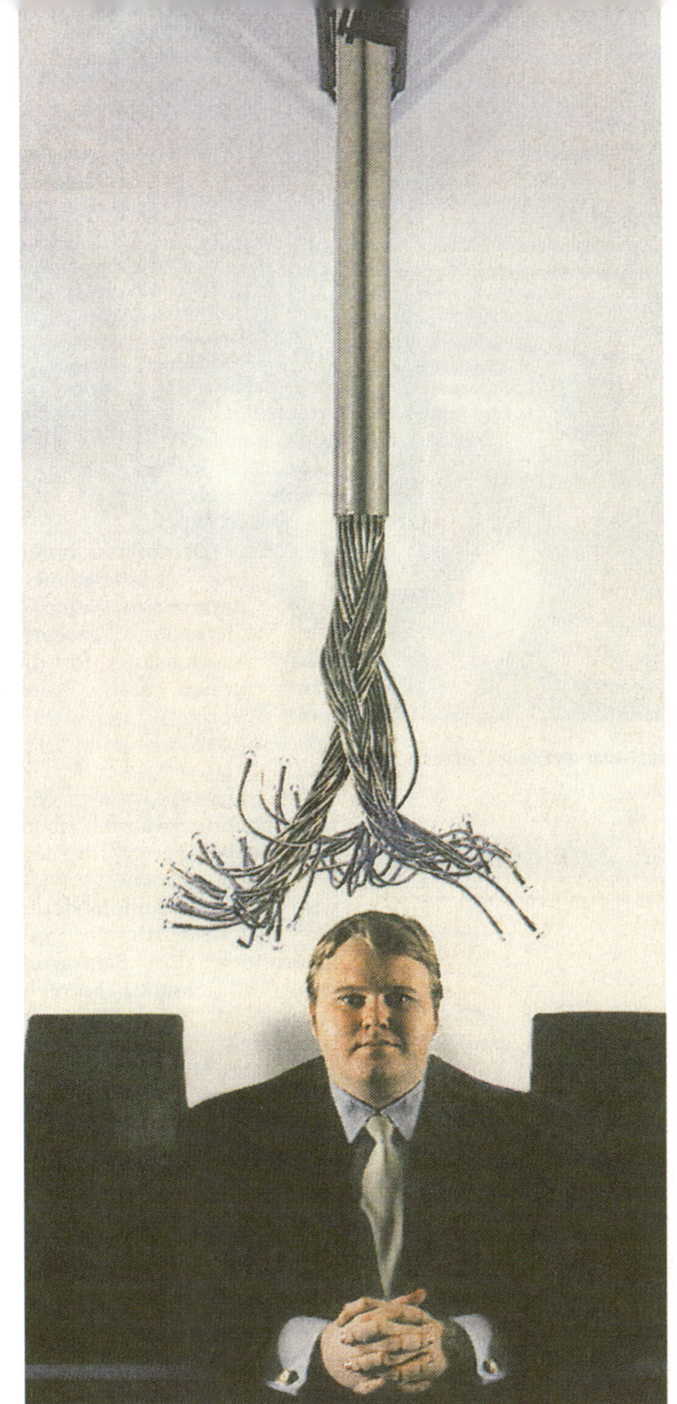

Abb. IX *Kim Schmitz* (1998)

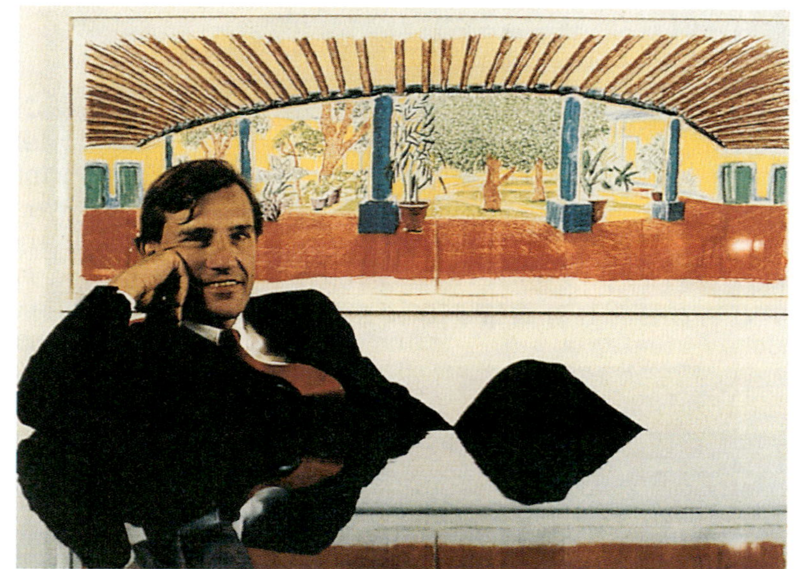

Abb. X *Wolfgang Momberger* (1993)

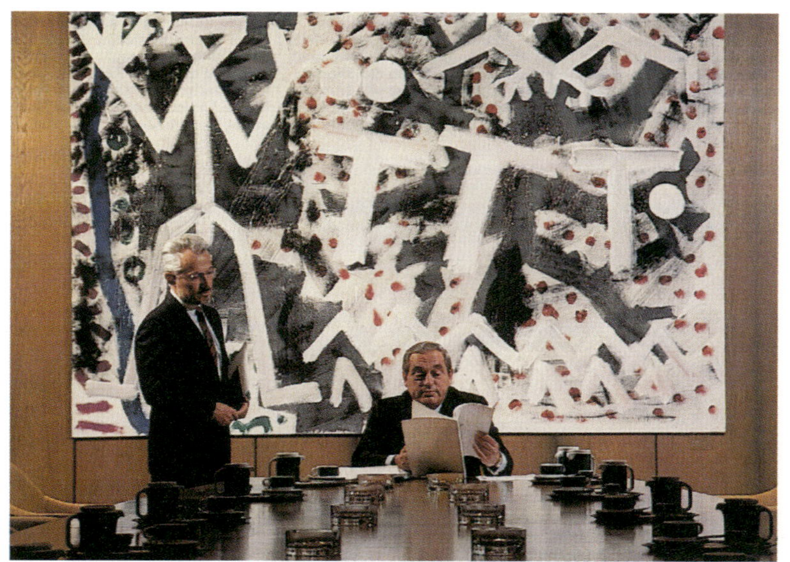

Abb. XI *Hans-Otto Pöhl* (1989)

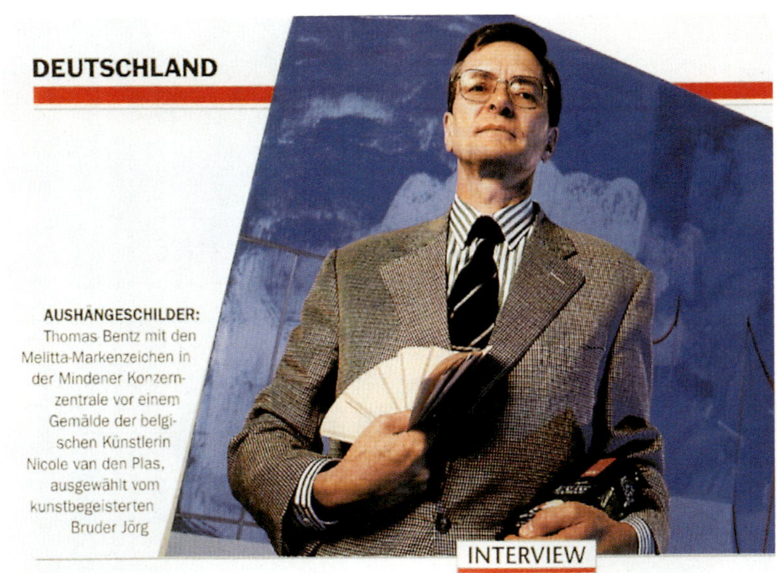

Abb. XII *Thomas Bentz* (1998)

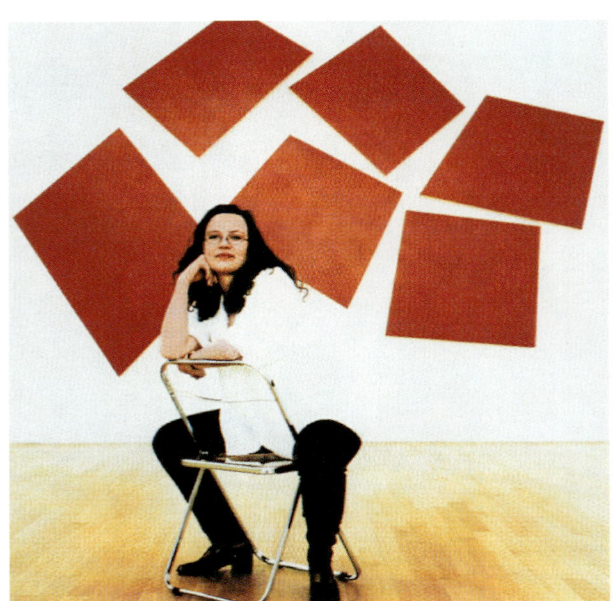

Abb. XIII *Andrea Nahles* (1997)

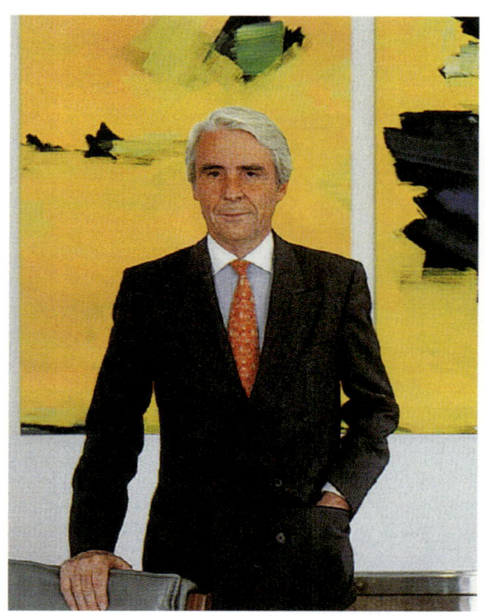

Abb. XIV *Karl-Hermann Baumann* (1998)

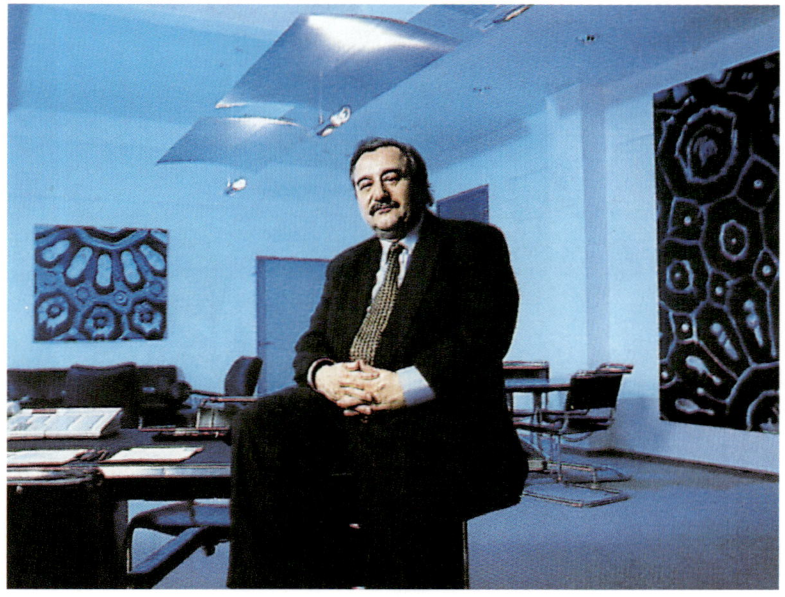

Abb. XV *Peter Radunski* (1996)

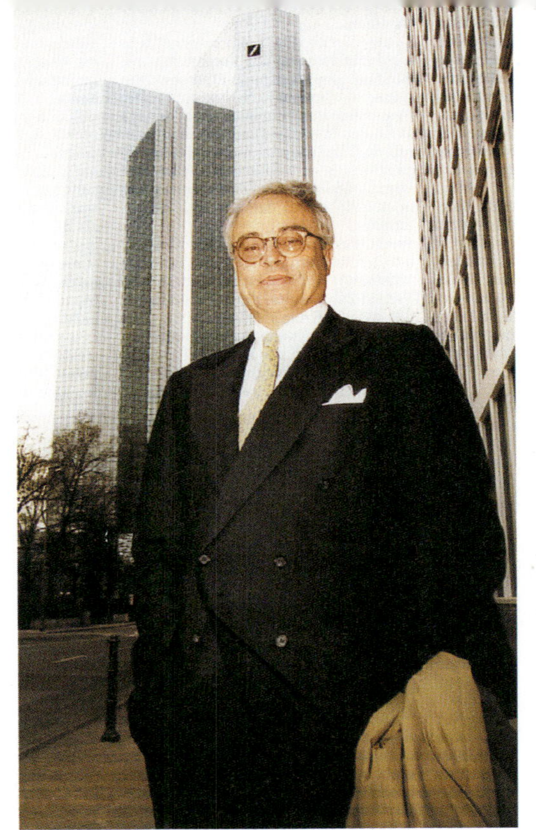

Abb. XVI *Rolf Breuer* (1998)

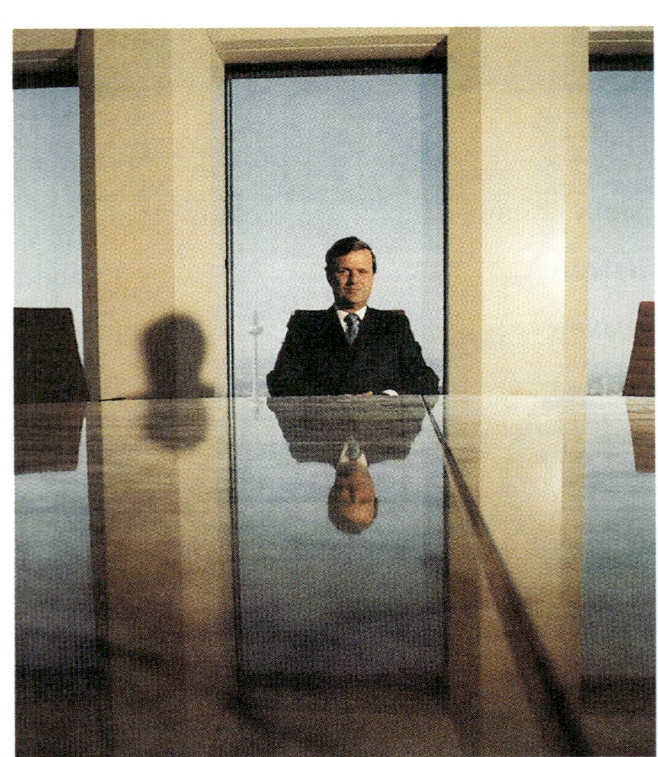

Abb. XVII *Ronaldo Schmitz* (1993)

GIORGIO VASARI

LEBENSLÄUFE DER HERVORRAGENDSTEN KÜNSTLER

Neu übersetzt und kommentiert
Herausgegeben von Alessandro Nova

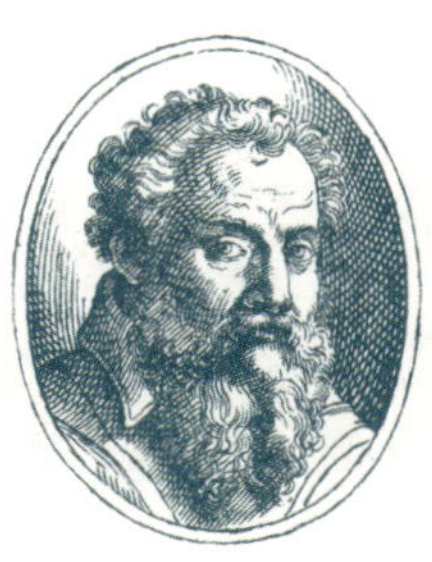

Verlag Klaus Wagenbach Berlin

Zur Vasari-Edition im Taschenbuch bei Wagenbach

Ohne die Erzählungen Giorgio Vasaris wüßten wir kaum etwas von den ausgezeichnetsten Künstlern Italiens. Seine farbigen Lebensberichte, seine Bildbeschreibungen und Anekdoten haben weltweit nicht nur das Bild der italienischen Kunst geprägt, sondern sie haben auch die Kunstbetrachtung aus dem Reich der Legenden geführt und auf historische Füße gestellt. Man kann sagen: Vasari hat in der Mitte des 16. Jahrhunderts, am Ende der Renaissance, die europäische Kunstgeschichte begründet.

Umso mehr muß es verwundern, daß eben diese Lebensbeschreibungen, die *Vite*, im deutschen Sprachraum seit über 100 Jahren nicht mehr übersetzt, geschweige denn kritisch kommentiert, erläutert oder gar mit Hinweisen auf die heutigen Standorte oder Zustände der einzelnen Kunstwerke versehen wurden.

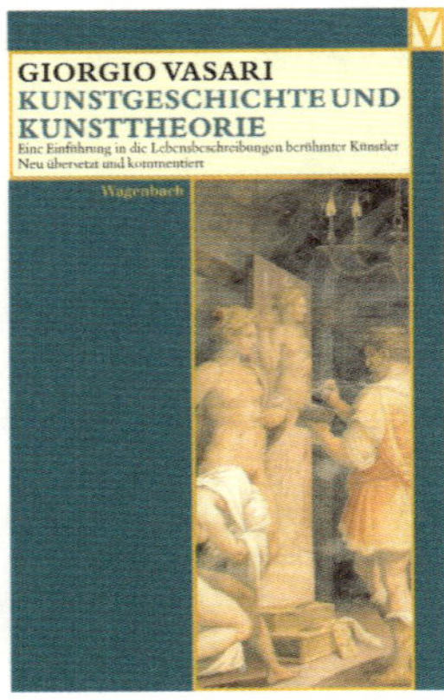

Giorgio Vasari Kunstgeschichte und Kunsttheorie
Eine Einführung in die Lebensbeschreibungen berühmter Künstler
Bearbeitet von Sabine Feser und Matteo Burioni
Neu übersetzt von Victoria Lorini
Kartoniert. 288 Seiten mit vielen, z.T. farbigen Abbildungen € 13.90
ISBN 3 8031 5020 5

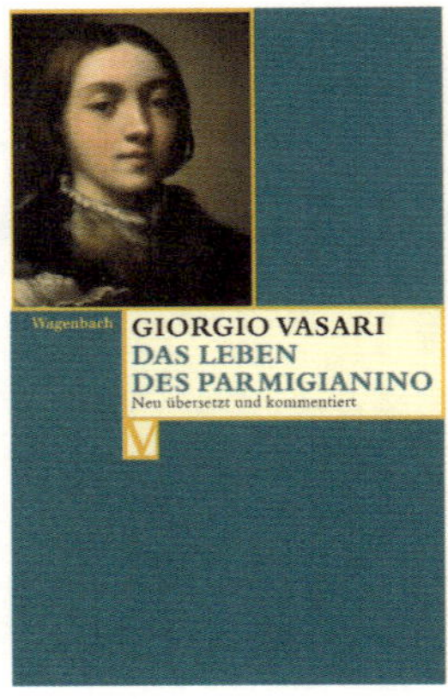

Giorgio Vasari Das Leben des Parmigianino
Bearbeitet von Matteo Burioni
Neu übersetzt von Matteo Burioni und Katja Burzer
Kartoniert. 96 Seiten mit vielen, z.T. farbigen Abbildungen € 10.90
ISBN 3 8031 5021 3

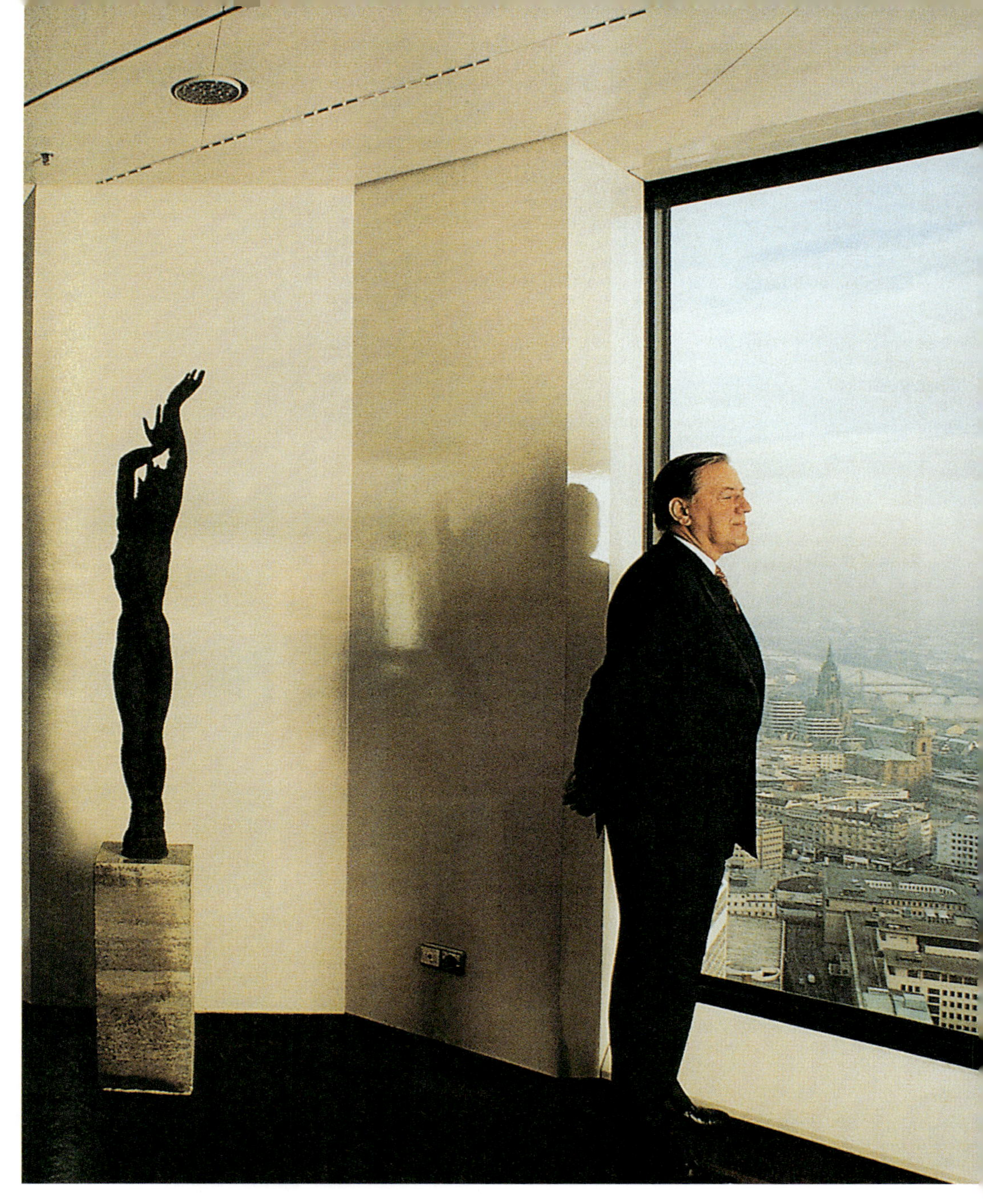

Abb. XVIII *Hilmar Kopper* (1994)

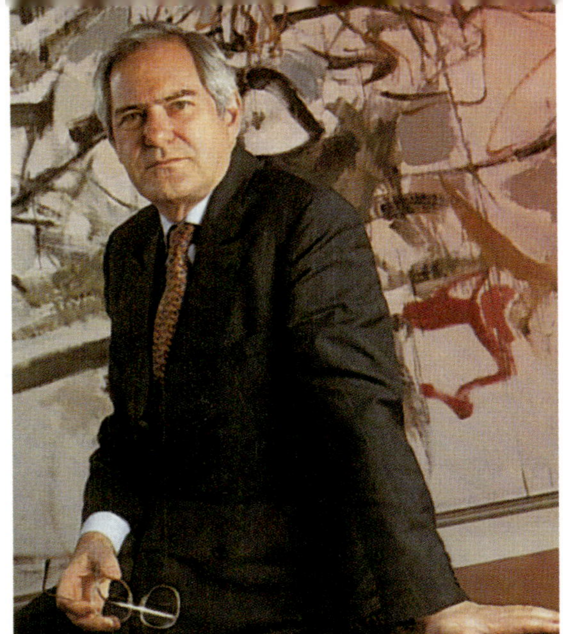

Abb. XIX *Roland Berger* (1997)

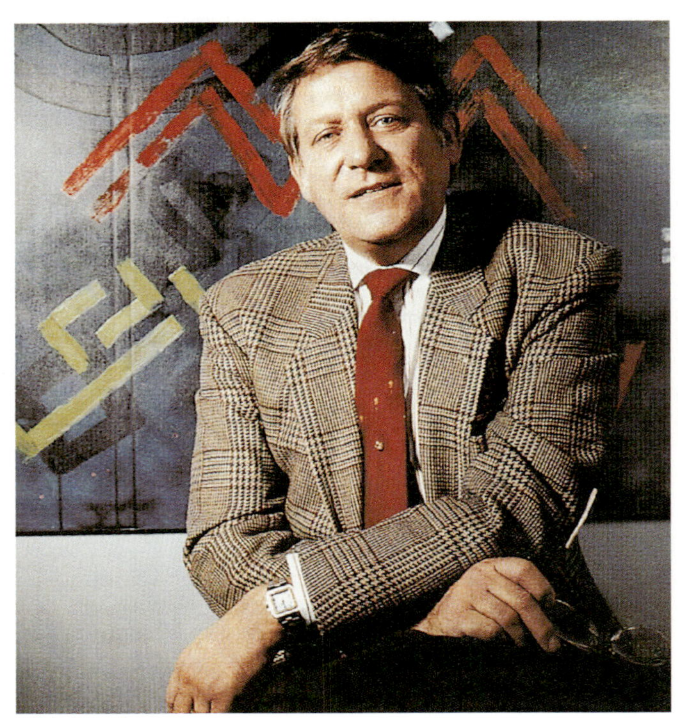

Abb. XX *Roland Mecklinger* (1993)

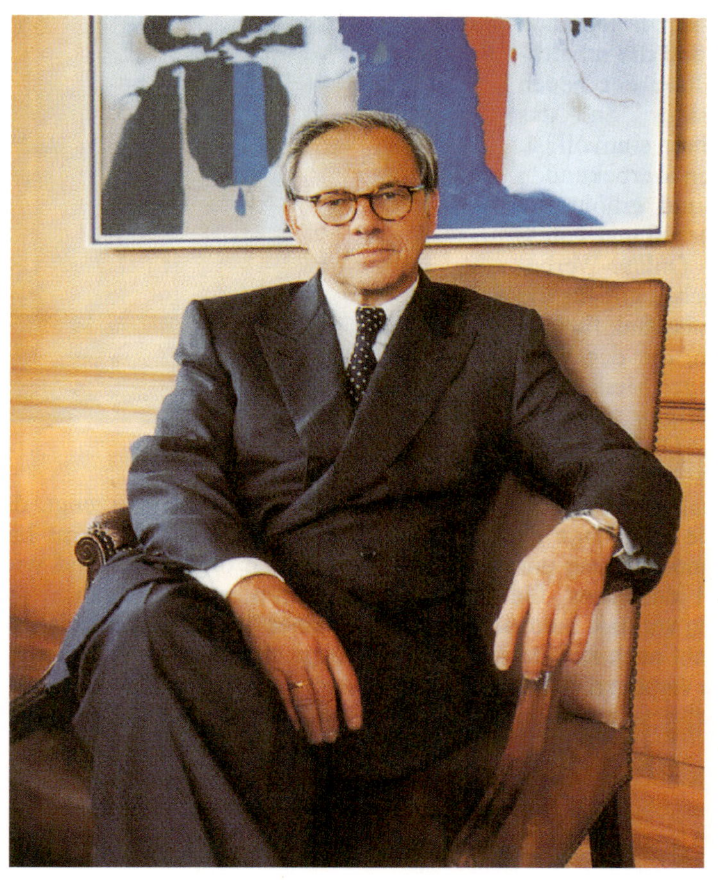

Abb. XXI *Hubert Burda* (1998)

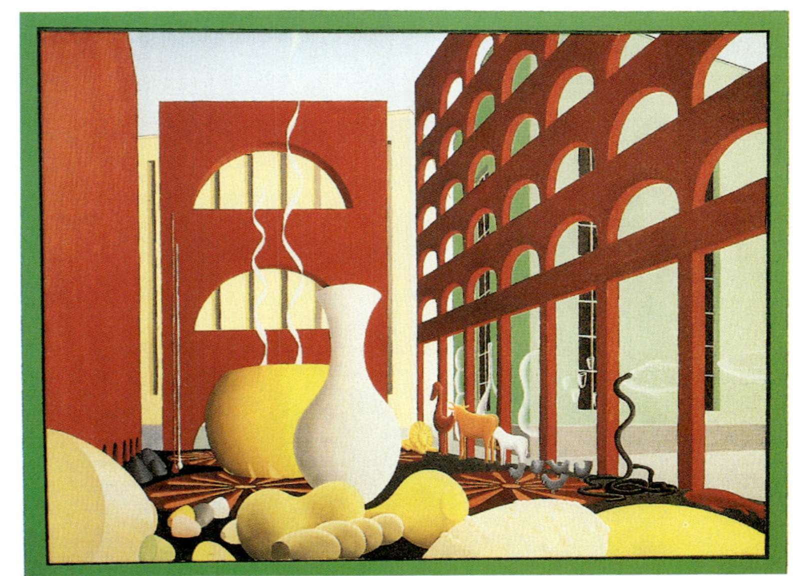

Abb. XXII Thomas Huber
Die Bank (1991)

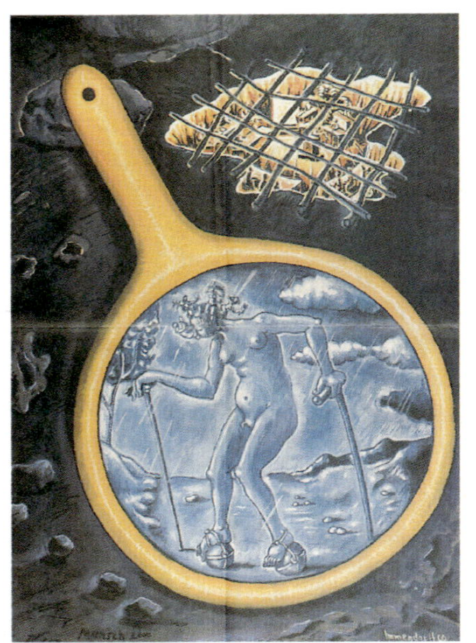

Abb. XXIII Jörg Immendorff
Mensch 2000 (2000)

Die Rendite, die die Begriffsarbeit und Mythenbildung im Fall der Kunst abwirft, scheint auf längere Sicht garantiert: Deren blendendes Image ist so präsent und hat sich über Generationen hinweg so stark eingeprägt, daß es kurzfristig gar nicht verblassen kann. Doch hat es Folgen, dieses Image zu kapitalisieren. Zugespitzt und in der Form eines Paradoxons ausgedrückt: Da die Kunst wegen ihrer Autonomie begehrt ist, muß sie, um als Statussymbol zu taugen und gute Preise zu erzielen, auch genau so aussehen, wie man es von autonomer Kunst erwartet; damit aber richtet sie sich schon wieder nach externen Normen, reproduziert die Bestimmungen des gängigen Kunstbegriffs und kopiert lediglich eine Rhetorik des Autonomen, ohne selbst noch unbedingt autonom zu sein.

Repräsentiert die Kunst also nur sich selbst – ihr Image –, und reduziert sich ihr Zweck darauf, als Kunst zu erscheinen? John Dewey hatte bereits 1930 angesichts reicher amerikanischer Kunstsammler Ähnliches befürchtet: Kunst fungiere nur noch »als Zeichen für guten Geschmack und als Zeugnis einer besonderen Bildung« und besitze mittlerweile den Status, »Repräsentant der Kunst zu sein und weiter nichts«.[76] Dewey ist Romantiker, und deshalb beklagt er dieses Phänomen; aus seiner Sicht ist Kunst eigentlich dazu da, Werte zu stiften und Gemeinschaft zu konstituieren. Um so kritischer müßte er sich über die Entwicklung der letzten Jahrzehnte äußern, in denen Kunst gerade deshalb zum Statussymbol geworden ist, weil man sie – wie festgestellt – wegen ihrer Eigenschaften *als* Kunst schätzt. Vielleicht diagnostizierte Dewey heute eine neue Form von Akademismus, der darin besteht, daß zahlreiche Künstler sich darum bemühen, dem positiven Image der Kunst zu entsprechen und, als neue Spielart von Mimesis, die Kennzeichen moderner Kunst möglichst genau nachzuahmen. Auffällig ist etwa, daß Akademiestudenten sich häufig sorgenvoll zu versichern suchen, ob das, was sie machen und vorhaben, auch als Kunst gelten könne. So scheint es, als sei das Erlernen einer Kunst-Rhetorik unausgesprochen Ziel des Akademiestudiums: Als Künstler darf gelten, wer weiß, wie sich die Elemente des Kunstbegriffs möglichst gut erkennbar darstellen lassen.

Nicht als Paradoxon, sondern polemisch-kulturkritisch formuliert, heißt dies: Entscheidend ist nicht, ob etwas Kunst ist, sondern ob es wie Kunst aussieht. Dann könnte man freilich bei einem Großteil der zeitgenössischen Kunst, die in Banken oder Vorstandszimmern hängt, argwöhnen, es handle sich vielleicht gar nicht mehr um wirkliche Kunst, sondern um Imitate. Doch um zu treffen, müßte eine solche Polemik auch Kriterien für die Differenz zwischen Kunst und einem Kunst-Surrogat angeben können. Genau dies scheint jedoch nicht möglich, setzt es doch voraus, daß man etwas irgendwie Authentisches – das Kunsthafte – isolieren kann, um es von etwas anderem zu unterscheiden, das nur auf einen bestimmten Effekt hin gemacht ist.

Hier zeigt sich eine interessante Konsequenz der Entschiedenheit, mit der Philosophen und Kunsttheoretiker, aber nicht minder tatkräftig die Künstler selbst so lange um eine Reinhaltung des Kunstbegriffs gekämpft haben. Indem sie eine strikte Grenze zwischen Kunst und Nicht-Kunst zu errichten strebten, um den Bezirk der Hoheit abzusetzen, hat sich tatsächlich ziemlich klar ausdifferenziert, was als Kunst gelten kann und was nicht. Das »Je ne sais quoi«, das am Beginn der Geschichte des modernen Kunstbegriffs stand, mag zwar noch gelegentlich zitiert werden, um die geheimnisvolle Aura der Kunst zu beschwören, doch es trifft nicht mehr zu, daß unbekannt ist, worin Kunst besteht.

Deshalb ist es aber auch einfacher geworden, den Bestimmungen des Kunstbegriffs zu entsprechen. Das Bemühen darum erscheint sogar zwangsläufig, da sich das exklusive Begriffsgeschehen zugleich mit starken normativen Interessen verband, versuchte man doch, die Kunst immer wieder mit dem Guten und Wahren zu identifizieren. Es braucht also nicht zu verwundern, daß viele Kunst machen wollen, was wiederum die Ambitionen derer verstärkt, die sich um deren Reinhaltung bemühen. So kommt es zu sich gegenseitig verstärkenden Effekten, denn das Streben nach Exklusivität führt natürlich zu einer weiteren Klärung der Eigenschaften von Kunst, die sich dann aber nur nochmals etwas besser ›nachahmen‹ lassen. Je schärfer die Grenze um die Kunst gezogen wird, desto leichter wird es andererseits, sie zu überwinden, um sich selbst als Künstler auszugeben. So endet ein reiner und klarer Begriff von Kunst letztlich in deren Unterlaufung, kann man doch kaum noch zwischen Kunst und Nicht-Kunst unterscheiden, eben weil man lange Zeit zu präzise zwischen beidem zu trennen versuchte.

Wer gestisch und in grellen Farben malt, um einer erregten Stimmung Ausdruck zu verleihen, und wer es tut, weil Banken sich dafür mehr interessieren als für sozialkritische Fotografie oder zarte Buntstiftzeichnungen, läßt sich also fast nicht entscheiden. Und selbst wenn es gelingen sollte, brächte es nichts für eine Triage zwischen Kunst und Nicht-Kunst. Denn wie läßt sich darüber befinden, ob eine erregte Stimmung authentisch ist oder ob jemand diese nur forciert hat, um publikumswirksame Bilder zu malen? Und selbst wenn sie authentisch wäre – auch dies schon eine in ihrem Wert zweifelhafte Qualität –, könnte es sein, daß sie bloß infolge einer Kenntnis und Vermittlung historischer Vorbilder ausgerechnet im Malen von Bildern ausgedrückt wurde. Die Hoffnung auf Ruhm oder Verkaufserfolge und, vor allem, der Wunsch, Kunst zu machen, hätte sich dann auch hier dazwischengedrängt. Allerdings unterläuft nicht das bloße ›Kunstwollen‹ die Unterscheidung von Kunst und Kunst-Imitat, sondern erst das Wissen, wie man dieses Wollen in die Tat umsetzt, macht die Trennung zwischen beidem fast unmöglich und eventuell sogar absurd.

Avantgarde oder lediglich eine Idee von Avantgarde, Künstlertum oder bloß ein Gestus von Künstlertum, Autonomie oder nur die Simulation von Autonomie – diese Antithesen, die einem kulturkritischen Denken entsprechen, sind also ziemlich unbrauchbar geworden. Eben weil man sie fanatisch bewahren wollte und sich heute noch dafür einsetzt, daß sie gelten, hat man ihre Basis zerstört; gerade infolge einer differenzierenden Begriffsarbeit sind die Differenzen implodiert. Dabei ist es für den Fortgang des Kunstbetriebs wichtig, die Illusion strenger

Unterscheidungsmöglichkeiten aufrechtzuerhalten und möglichst nichts öffentlich preiszugeben, was das allgemeine Kunstverständnis konstituiert. So wäre es etwa keine gute Idee, an Kunstakademien Klassen einzurichten, die – vergleichbar früheren Klassen für Kirchenmalerei – speziell den Techniken gewidmet sind, mit denen sich Kunst für Banken und Firmen machen läßt. Weder fänden sich genügend Studenten für solche Klassen, könnten sie sich doch nicht mehr als freie, nur sich selbst verpflichtete Künstler fühlen, noch hätten die Firmen Interesse an eigens für sie angefertigter Kunst, da ihnen dabei die Faszination abginge, sich auf etwas Riskantes und Wildes, etwas Neues und Autonomes einzulassen.

Daß der Kunstbegriff in immer weiteren Arbeiten reproduziert wird, könnte allein als Schuld des Kunstmarkts angesehen werden: Die Künstler werden von ihrer selbstbestimmten Tätigkeit abgelenkt und dazu gebracht, ein Marktbedürfnis zu erfüllen; nicht sie, sondern die Unternehmer und Manager, ebenso wie die Galeristen und Sammler bestimmen darüber, was als Kunst Erfolg hat, und die Hoheit des Begriffs liegt beim Kapital. »Die Macht des Capitalismus erstreckt sich auch über Begriffe«, stellte Georg Simmel schon 1895 fest[77], was gleichbedeutend ist mit einer Kritik am Begriffsniveau: Anstatt Inhalte weiterzuentwickeln oder neue Aspekte aufzunehmen, werden lediglich bereits vorhandene Topoi festgeklopft und schließlich zu Klischees deformiert.

Mit dieser Schuldzuweisung würde man es sich allerdings zu einfach machen. Immerhin hätte moderne Kunst nie *als* Kunst Statussymbol werden können, wäre sie nicht bereits allgemein erkennbar und von klarer Signalwirkung gewesen. Eine Verfestigung ihres Begriffs mußte also bereits stattgefunden haben, bevor auch Laien ihre Eigenschaften vertraut und ihre Bedeutungen verständlich sein konnten, was wiederum Voraussetzung für ein stärkeres – nicht zuletzt finanzielles – Engagement war.

Vermutlich zeigt nichts so gut die normative Macht und Selbstreproduktionsfähigkeit des Kunstbegriffs wie die von Marcel Duchamp schon in den 1910er Jahren entwickelten Readymades, deren Wirkung sich jedoch erst nach dem Zweiten Weltkrieg entfaltete: Damit ein unverändert in eine Galerie oder ein Kunstmuseum transferierter Alltagsgegenstand überhaupt als Kunst anerkannt werden kann, bedarf es einer fest ausgebildeten ›Kunst-Perspektive‹; der Betrachter muß schon einen genauen Begriff davon haben, was es heißt, etwas *als* Kunst wahrzunehmen. Andernfalls ist er nicht in der Lage, etwas, dessen Kunst-Status zuerst nur aufgrund seines Standorts postuliert wird, als rätselhaft oder vieldeutig, als distanzierend und verheißungsvoll, als provokant oder unkonventionell zu empfinden.

Die Macht und Immunität des modernen Kunstbegriffs bestätigt sich sogar gerade dann, wenn Nicht-Kunst zu Kunst erklärt wird, da der damit verbundene Kontextsprung am ehesten die Qualitäten erzeugt, die als kunsttypisch gelten: Geheimnisvoll und spröde, fremd und zugleich poetisch-entfunktionalisiert wirkt, was aus der alltäglichen Lebenswelt genommen und zu Kunst deklariert wird. Allerdings wäre ein solcher Sprung ohne die streng gepflegte Grenze zwischen Kunst und Nicht-Kunst unmöglich, und ungewohnt erscheint ein plötzlich zu Kunst geadelter Werkstoff oder Gegenstand lediglich, weil er auf einmal auf der anderen Seite der Grenze auftaucht. So bewirkt diese zwar einerseits, daß eine begründbare Unterscheidung zwischen Kunst und Nicht-Kunst unterlaufen werden kann, garantiert aber andererseits auch, daß immer wieder Neues als Kunst zu faszinieren vermag, nur weil es bisher noch nie als Kunst wahrgenommen worden war.[78]

Das breitere Spektrum dessen, was als Kunst gelten kann, ist somit nicht etwa Beleg eines sich rasch wandelnden Kunstbegriffs, sondern zeugt – im Gegenteil – von dessen Konstanz. Nur weil er selbst stabil ist und zugleich regulativ wirkt, kann er auf beinahe alles projiziert werden; und indem dies geschieht, findet er gerade Bestätigung. So ist auch die Rede vom »Erweiterten Kunstbegriff« irreführend, da es sich dabei um keine Ergänzung bereits vorhandener Bestimmungen handelt, sondern allein um eine Anwendung des Als-Kunst-Wahrnehmens auf Bereiche, die bisher als kunstfern galten. Der Kunstbegriff ist zum Instrument geworden, mit dem sich der Blick auf einzelnes verändern läßt, in dem sich dann jeweils einige seiner Elemente spiegeln.

Sofern Kunst heutzutage zentral in der Wiedergabe und Bestätigung ihres Begriffs besteht, verwundern auch ihre Hauptorte nicht: Im Museum oder in der Galerie werden selbst ältere Werke von vielen Betrachtern vor allem unter der Prämisse betrachtet, daß es sich dabei um Kunst handelt; das Interesse für das auf ihnen Dargestellte ist hingegen zweitrangig. Das Hauptthema des Museums oder der Galerie ist also ›die‹ Kunst, und die Exponate sind deren Exempel. Vorstandszimmer sowie Büros aber sind zu Orten der Kunst geworden, weil die in ihnen Tätigen sich über Eigenschaften definieren, die ebenso im Kunstbegriff – und insbesondere im Avantgarde-Diskurs – eine wichtige Rolle spielen. Ferner erwarten die Führungskräfte – aufgrund ihrer Kenntnis des Kunstbegriffs – Qualitäten von Kunstwerken, die ihnen selbst abgehen und die sie für profitabel, kompensatorisch oder einfach faszinierend halten.

Formuliert man dies in der Sprache des Marketing, hat sich also das Image der Kunst verselbständigt, reproduziert sich selbst und ist zu dem geworden, was ihren Wert konstituiert. Es ist allein dieses Image, was Kunst zum Statussymbol oder Sammlerstück werden läßt – und auch insofern ist sie vermutlich Vorläufer der modernen Markenartikel: Einige werden innerhalb ihrer Branchen bald eine noch herausragendere Position einnehmen; auf sie richten sich dann noch mehr Hoffnungen und Sehnsüchte. Wie die Kunst sich im 18. Jahrhundert aus dem Kosmos der Bilder herauslöste und ihre Aufgabe fortan weder in der bloßen Unterhaltung, noch in der Information, noch in der Propaganda für politische Ideologien oder religiöse Weltbilder gesehen wurde, so könnten auch einzelne Marken alles andere hinter sich lassen, um nur noch sie selbst zu sein, rein und autonom.

Doch ist unwahrscheinlich, daß sich nochmals so viele Erwartungen auf eine einzige Instanz konzentrieren; eher war die Kunst der vorerst letzte Versuch einer Monopolisierung. Denkbar ist, daß einige ihrer Qualitäten sich verteilt auf mehrere Marken wiederfinden werden, deren Bedeutung und Reichweite dann entsprechend geringer wäre. Aber büßt die Kunst überhaupt ihre Rolle ein? Ist sie nicht zu stark, um von irgendwelchen – ephemeren – Marken bedroht werden zu können?

Oder ist der zunehmend breitere Auftritt von Marken bereits ein Zeichen dafür, daß die Macht der Kunst sich erschöpft hat und nicht mehr viele Menschen erreicht, so daß deren Bedürfnisse nach Erhabenheit und Transzendenz sich neue Projektionsflächen suchen?

Diese Fragen weisen in die Zukunft. In der Gegenwart jedoch scheint die Kunst so erfolgreich wie nie zuvor: Sie nimmt einen zentralen Platz an den Orten der Macht ein, und sie ist ein Statussymbol mit breiter Qualifikation; nur selten einmal in der Geschichte dürfte es ein ähnlich vielschichtig wirksames Herrschaftszeichen gegeben haben. Aber was sich als beispielloser Erfolg feiern läßt, mag anderen als Anfang vom Ende erscheinen: Sie befürchten, daß Kunst nur noch Statussymbol ist, erstarrt zu einem Stück Luxusware. Und am meisten beunruhigt sie, daß Kunst in den Kategorien von Markenprodukten betrachtet werden kann.

Anmerkungen

1 Vgl. Capital 11/1998, S. 111
2 Vgl. Victor Stoichita: *Das selbstbewußte Bild*, München 1998, S. 183
3 Cajus Plinius Secundus: *Naturalis Historia XXXV*, 2
4 Karl Heinrich Heydenreich: *System der Ästhetik*, Leipzig 1790 (repr. Hildesheim 1978), S. 2f.
5 Zirka Zaremba Filipcak: *Picturing Art in Antwerp 1550–1700*, Princeton 1987, S. 67
6 Zur Beschreibungs- und Deutungsgeschichte des Gemäldes: Petra Kathke: *Porträt und Accessoire. Eine Bildnisform im 16. Jahrhundert*, Berlin 1997, S. 208–214
7 Pierre Bourdieu: *Die feinen Unterschiede. Kritik der gesellschaftlichen Urteilskraft* (1979), Frankfurt/Main 1982, S. 440f.
8 Walter Vitt: *Lienhard von Monkiewitsch*, Hannover 1994, S. 81, 91
9 Henrike Junge-Gent: »Über die Arbeiten Lienhard von Monkiewitschs. Fünf Versuche der Annäherung«, in: Katalog *Lienhard von Monkiewitsch*, Hirschwirtscheuer, Künzelsau 1997, S. 7, 9
10 Heribert Heere: »Gerhard Richter – Die abstrakten Bilder. Zur Frage des Inhalts«, in: Katalog *Gerhard Richter. Abstrakte Bilder 1976 bis 1981*, Lenbachhaus, München 1981, S. 9–20
11 Rudolf Bayer: »Max Ackermann – ein Vollender der Moderne«, in: Katalog *Max Ackermann*, Galerie Iris Wazzau, Davos 1999, ohne Seitenzahl
12 Johann-Karl Schmidt: »Wo anders als in Stuttgart wäre der 100. Geburtstag von Max Ackermann zu feiern?«, in: Lutz Tittel (Hg.): *Max Ackermann 1887–1975*, Stuttgart 1987, S. 11
13 Max Bill: *retrospektive, skulpturen gemälde graphik 1928–1987*, Stuttgart 1987, S. 228
14 Joachim Büttner: »Malerei als Erfahrung und Selbsterfahrung. Über Horst Antes«, in: *Künstler. Kritisches Lexikon der Gegenwartskunst*, München 1990, S. 3, 10
15 Eberhard Martini, in: *Kunst und Baukunst Hypo-Bank Bd. 1*, München 1994, S. 8
16 Jürgen Ponto: »Begegnungen von Kunst und Wirtschaft in unserer Zeit«, in: ders.: *Mut zur Freiheit. Gedanken zu Politik und Wirtschaft*, München 1978, S. 203
17 Vgl. z. B.: Gerd Gerken: *Der neue Manager*, München 1986
18 Bourdieu, a. a. O., S. 408
19 Helge Achenbach: *Vom Saulus zum Paulus. Kunst- und Architekturberatung*, Regensburg 1995, S. 16f.
20 Max Wechsler: »Günther Förg: Inszenierung als Methode«, in: Parkett 40/41 (1994), S. 41-43
21 Zur Funktion der Patina in früheren Jahrhunderten sowie zu ihrem Bedeutungsverlust im 20. Jahrhundert: Grant McCracken: *Culture and Consumption*, Bloomington 1988, S. 31-43
22 Vgl. Thomas Nipperdey: *Wie das Bürgertum die Moderne fand*, Berlin 1988
23 Klaus Gallwitz: »Zeitgenössische Kunst am Arbeitsplatz«, in: *Zeitgenössische Kunst in der Deutschen Bank Frankfurt*, Frankfurt/Main [3] 1990, S. 17
24 Vgl. Marlene Baum: *Das Pferd als Symbol. Zur kulturellen Bedeutung einer Symbiose*, Frankfurt/Main 1991, S. 141
25 Zur Wirkung von innenarchitektonischer Machtinszenierung auf die Eigner der Räume: Elisabeth Pélegrin-Genel: *Büro: Schönheit – Prestige – Phantasie*, Köln 1996, S. 143
26 Friedrich Dürrenmatt: *Grieche sucht Griechin* (1955), Zürich 1985, S. 52–54
27 Wolfgang Fritz Haug: *Kritik der Warenästhetik*, Frankfurt/Main 1971, S. 167
28 Roger des Piles: *Cours de peinture par principes*, Paris 1708 (*Einleitung in die Malerey aus Grundsätzen*, Leipzig 1760, S. 221) (zitiert nach: Rainer Schoch: *Das Herrscherbild in der Malerei des 19. Jahrhunderts*, München 1975, S. 20)
29 *Zedlers Universallexikon III*, Sp. 1825 (1733) (zitiert nach: Martin Warnke: *Der Hofkünstler*, Köln 1985, S. 272)
30 Vgl. Klaus von Beyme: *Die Kunst der Macht und die Gegenmacht der Kunst. Studien zum Spannungsverhältnis von Kunst und Politik*, Frankfurt/Main 1998, S. 96
31 Vgl. Schoch, a. a. O., S. 25
32 Vgl. Timm Ulrichs: *Kunst und Leben*, Iserlohn 1993

33 Arthur Schopenhauer: *Die Welt als Wille und Vorstellung*, Band 2, Kap. 34. – Zur Interpretation dieses Satzes sowie einigen Stationen seiner Wirkungsgeschichte: Wolfgang Ullrich: »Vor dem Fürsten. Über die Moralisierung von Kunstrezeption«, in: Neue Rundschau 110/1 (1999), S. 131–145

34 Heinrich von Wedderkop: *Führer durch die Sonderbund-Ausstellung*, in: Wulf Herzogenrath (Hg.): Frühe Kölner Kunstausstellungen, Köln 1981, S. 247. – Zu einer genauen Analyse von Katalog und Führer der Sonderbund-Ausstellung: Iris Cramer: *Kunstvermittlung in Ausstellungskatalogen,* Frankfurt/Main 1998, S. 77–162

35 Veit Loers: »Man könnte meinen, es gäbe gar nichts zu sehen…«, in: ders. (Hg.), a.a.O., S. 23

36 Matthias Bärmann: »Gelbe Tage«, in: Jens Christian Jensen (Hg.): *Bernd Zimmer. Bilder-Landschaften,* Dortmund 1997, S. 37f

37 Theodor W. Adorno: *Ästhetische Theorie*, Frankfurt/Main 1970, S. 410. – Zu einer Kritik des Machtvokabulars bei Kunstwerksbeschreibungen: Martin Warnke: »Wissenschaft als Knechtungsakt«, in: ders.: *Künstler, Kunsthistoriker, Museen. Beiträge zu einer kritischen Kunstgeschichte,* Luzern 1979, S. 99–107

38 Vgl. Eva Heller: Wie Farben wirken, Reinbek 1989

39 Vgl. Kathke, a. a. O., S. 19–35

40 Vgl. Schoch, a. a. O., S. 168–171, 201f.

41 Vgl. Capital 1/1963, S. 72ff.

42 Bärbel Hedinger: *Karten in Bildern. Zur Ikonographie der Wandkarte in holländischen Interieurgemälden des 17. Jahrhunderts*, Hildesheim 1986, S. 133

43 Max Weber: *Die protestantische Ethik und der Geist des Kapitalismus* (1904/05), Gütersloh 1991

44 Kulturkreis der deutschen Wirtschaft im BDI e. V. (Hg.): *Das Unternehmen Kunst,* Köln 1998, S. 34

45 Hilmar Kopper: *Die Bank lebt nicht vom Geld allein*, München 1997, S. 57

46 Reinhold Würth: »Kunst und Unternehmen – Das Beispiel Würth«, in: *Kunst-Raum-Perspektiven, Ansichten zur Kunst in öffentlichen Räumen,* Jena 1997, S. 136

47 *Kunstkonzeption des Landes Baden-Württemberg*, Stuttgart 1990, S. 300

48 Achenbach, a. a. O., S. 13, 33, 34

49 Herbert E. Stüssi: *Banken fördern Kunst*, zitiert nach: Karla Fohrbeck: *Renaissance der Mäzene? Interessenvielfalt in der privaten Kulturfinanzierung*, Köln 1989, S. 209f.

50 Vgl. Capital 11/1998, S. 111

51 Gerd Gerken: »Corporate Collecting – Bunte Bilder genügen nicht«, in: Werner Lippert (Hg.): *Corporate Collecting. Manager – die neuen Medici?*, Düsseldorf 1990, S. 43, 46

52 Ebd., S. 42, 44, 45

53 Helge Achenbach: »Ich bin derjenige, der über eine Wiese geht, um hier und da eine Blume zu pflücken, die mir gefällt«, in: Kunstforum International 136 (1997), S. 451

54 Vgl. Wolfgang Ullrich: »Überschätzt und überfordert? – Die Kunst als Revolutionärin« in: Badischer Kunstverein Karlsruhe (Hg.): *Die Unruhe und die Zufriedenheit*, Karlsruhe 1998, S. 112–121

55 Zur Diskussion über pro und contra von Sponsoring durch Unternehmen: Walter Grasskamp: *Kunst und Geld. Szenen einer Mischehe*, München 1998, S. 11–91

56 Norbert Bolz: »Die Kultur der Wirtschaft«, in: Andreas Grosz/Daniel Delhaes (Hgg.): *Die Kultur AG. Neue Allianzen zwischen Wirtschaft und Kultur,* München 1999, S. 132

57 Manfred Gentz: »Vorwort«, in: *Geometrie und Gestalt. Strukturen der modernen Kunst – Werke der Sammlung DaimlerChrysler*, Berlin 1999, S. 7

58 Werbeprospekt der Kunstagentur Samuelis Baumgarte (1998)

59 Homepage von: www.kunstberatung.de (1999)

60 BILD am Sonntag vom 23. März 1997

61 Willi Baumeister: *Das Unbekannte in der Kunst* (1947), Köln 1960, S. 185

62 Ebd., S. 24

63 Manager-Magazin 3/1997, S. 248

64 Peter Handke: »Emil Schumacher, ferne Figur. Ferne Figur?«, in: Katalog *Emil Schumacher. Retrospektive*, Jeu de Paume, Paris 1997, S. 9-13
65 Thomas Huber: »Die Bank – Eine Wertvorstellung«, in: Ders.: *Der Duft des Geldes*, Darmstadt 1992, S. 15
66 Thomas Huber: »Wie das Kapital in Seife verwandelt wird«, in: ders.: *Das Bild. Texte 1980–1992*, Hannover 1992, S. 238f.
67 Vgl. Michael Wildt: *Vom kleinen Wohlstand. Eine Konsumgeschichte der fünfziger Jahre*, Frankfurt/Main 1996, S. 149–176
68 Vgl. Mark Siemons: *Schöne neue Gegenwelt. Über Kultur, Moral und andere Marketingstrategien*, Frankfurt/Main 1993, S. 36–43
69 Matthias Horx: »Trendmarken – Markentrends«, in: Matthias Horx/Peter Wippermann (Hgg.): *Markenkult: Wie Waren zu Ikonen werden*, Düsseldorf 1995, S. 69
70 Vgl. z. B.: Christian Kracht: *Faserland*, Köln 1995. – Florian Illies: *Generation Golf*, Berlin 2000
71 Capital 11/1998, S. 116ff.
72 Vgl. Walter Grasskamp: »Die Ware Erlösung. Kleine Apologie des Konsums«, in: Merkur 563 (1996), S. 138–146 (Wiederabdruck zusammen mit themenverwandten Aufsätzen in: ders.: *Konsumglück*, München 2000)
73 Jean Baudrillard: »Towards the vanishing point of art«, in: Kunstforum International 100 (1989), S. 387
74 Zum Affen als Symbol für den Künstler: Hermann Ulrich Asemissen/Gunter Schweikart: *Malerei als Thema der Malerei*, Berlin 1994, S. 178–183
75 BILD vom 8. April 2000
76 John Dewey: *Kunst als Erfahrung* (1930), Frankfurt/Main 1988, S. 16
77 Georg Simmel: »Alpenreisen« (1895), in: ders.: *Gesamtausgabe Bd. 5*, Frankfurt/Main 1992, S. 92
78 Zur Funktion der Grenze zwischen Kunst und Nicht-Kunst: Boris Groys: *Über das Neue. Versuch einer Kulturökonomie* (1992), Frankfurt/Main 1999, S. 55–115

Abbildungsnachweis

Abb. I:	DER SPIEGEL 29/1998, S. 52, Fotograf: W. Schmidt
Abb. II:	Manager-Magazin 8/1994, S. 48, Fotograf: M. Dannemann
Abb. III:	Focus 13/1998, S. 278, Fotograf: R. Rosicka, © VG Bild-Kunst
Abb. IV:	Petra Kathke: *Porträt und Accessoire. Eine Bildnisform im 16. Jahrhundert,* Berlin 1997, S. 363
Abb. V:	Manager-Magazin 2/1997, S. 132, Fotograf: M. Bollen
Abb. VI:	Manager-Magazin 11/1995, S. 321, Fotograf: Jüschke
Abb. VII:	Manager-Magazin 10/1993, S. 334, Fotograf unbekannt, © VG Bild-Kunst
Abb. VIII:	DER SPIEGEL 31/1997, S. 67, Fotograf: W. von Brauchitsch
Abb. IX:	Abendzeitung München vom 24. März 1998, S. 9, Fotograf unbekannt
Abb. X:	Manager-Magazin 7/1993, S. 20, Fotograf: F. Zehnder
Abb. XI:	DER SPIEGEL 23/1997, S. 34, Fotograf: Ellerbrock & Schafft/Bilderberg
Abb. XII:	Focus 21/1998, S. 108, Fotograf: D. Röseler/Focus-Magazin
Abb. XIII:	Focus 15/1997, S. 108, Fotograf: O. Schmauch/Focus-Magazin
Abb. XIV:	DER SPIEGEL 40/1998, S. 120, Fotograf: D. Reinartz/Visum
Abb. XV:	Focus 36/1996, S. 74, Fotograf: N. Michalke/Focus-Magazin
Abb. XVI:	DER SPIEGEL 15/1998, S. 122, Fotograf: R. Braun
Abb. XVII:	Manager-Magazin 12/1993, S. 40, Fotograf: H. Blum
Abb. XVIII:	Manager-Magazin 9/1994, S. 33, Fotograf: J. Röhrscheid, © VG Bild-Kunst
Abb. XIX:	DER SPIEGEL 40/1997, S. 101, Fotograf: W.M. Weber
Abb. XX:	Manager-Magazin 6/1993, S. 64, Fotograf: H. Koelbl
Abb. XXI:	HORIZONT 46/1998, S. 63, Fotograf unbekannt
Abb. XXII:	Thomas Huber: *Der Duft des Geldes*, Darmstadt 1992, S. 13, © VG Bild-Kunst
Abb. XXIII:	BILD-Zeitung vom 8. April 2000, S. 17.

Abb. 1:	*Museen der Welt – Der Prado Bd. II,* München 1988, S. 95
Abb. 2:	Capital 7/1968, S. 26f., Fotograf: L. Wolleh
Abb. 3:	Focus 52/1996, S. 20, Fotograf: W. Schüring
Abb. 4:	Focus 46/1998, S. 26, Fotograf: D. Bauer/Focus-Magazin
Abb. 5:	DER SPIEGEL 52/1997, S. 83, Fotograf: W. Schüring
Abb. 6:	DER SPIEGEL 5/1998, S. 89, Fotograf: E. Röttgers/Graffiti
Abb. 7:	*Museen der Welt – Der Prado Bd. I,* München 1988, S. 48
Abb. 8:	Jahrbuch der Bayerischen Akademie der Schönen Künste 6 (1992), S. 259
Abb. 9:	*Franz von Lenbach*, Katalog Städtische Galerie im Lenbachhaus München 1987, S. 318
Abb. 10:	DER SPIEGEL 20/1999, S. 234, Fotograf: K.R. Müller
Abb. 11:	August Sander: *Menschen des 20. Jahrhunderts*, München 1980, S. 278
Abb. 12:	August Sander: *Menschen des 20. Jahrhunderts*, München 1980, S. 277
Abb. 13:	Capital 1/1963, S. 72
Abb. 14:	Capital 11/1966, S. 89, Fotograf unbekannt
Abb. 15:	Bärbel Hedinger: *Karten in Bildern. Zur Ikonographie der Wandkarte in holländischen Interieurgemälden des 17. Jahrhunderts*, Hildesheim 1986, S. 343
Abb. 16:	Capital 10/1967, S. 102, Fotograf unbekannt
Abb. 17:	Capital 6/1964, S. 28, Fotograf unbekannt
Abb. 18:	Capital 2/1965, S. 64, Fotograf: S. Moses
Abb. 19:	Wirtschaftswoche 37/1999, S. 79
Abb. 20:	Werner Lippert (Hg.): *Corporate Collecting. Manager – die neuen Medici?*, Düsseldorf 1990, S. 72

Abb. 21:	Bild am Sonntag vom 23. März 1997, Fotograf: L. Chapéroun/Iasa Coverpress
Abb. 22:	Manager-Magazin 3/1997, S. 248, Fotograf: H. Koelbl
Abb. 23:	Thomas Huber: *Der Duft des Geldes*, Darmstadt 1992, S. 10, © VG Bild-Kunst
Abb. 24:	Volker Albus (Hg.): *Kauf mich!*, Köln 1999, S. 176
Abb. 25, 26:	WINDSOR-Produktkatalog 1998
Abb. 27:	Volker Albus (Hg.): *Kauf mich!*, Köln 1999, S. 184

Schlußbemerkung

Vorstufen des vorliegenden Texts trug ich am 2. September 1998 auf einer Sommerakademie der Studienstiftung des Deutschen Volkes in St. Johann/Ahrntal sowie am 10. Februar 1999 innerhalb einer Vorlesung über »Kunstrezeption in der Moderne« an der Akademie der Bildenden Künste in München vor.

Für Anregungen, Hinweise, Korrekturen und ›Fundstücke‹ danke ich sehr herzlich: Sonnja Enzenhofer, Hans-Georg Füger, Walter Grasskamp, Patrick Gruban, Simone Keller, Andreas Pohlmann, Diemut Schilling.

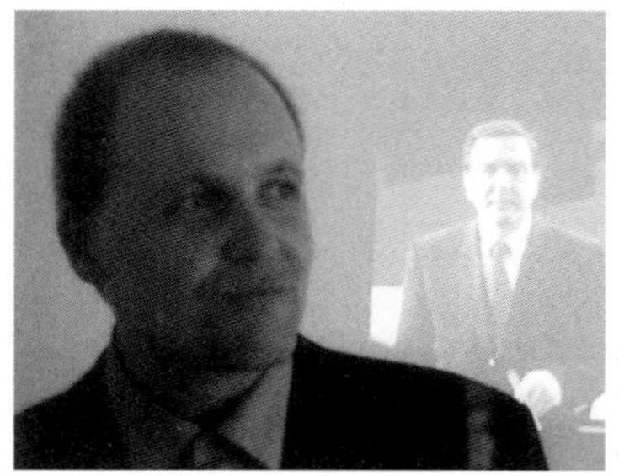

Photo: Stephanie Senge

WOLFGANG ULLRICH, geboren 1967, studierte Philosophie und Kunstgeschichte. Seit der Promotion 1994 ist er freiberuflich tätig – u.a. auch als Unternehmensberater. Seit 1997 ist er Dozent an der Akademie der bildenden Künste in München. 1998 erschien im Verlag Klaus Wagenbach *Uta von Naumburg. Eine deutsche Ikone.*

Aus unserer Reihe
Kleine Kulturwissenschaftliche Bibliothek:

Wolfgang Ullrich
UTA VON NAUMBURG
Eine deutsche Ikone
Die Naumburger Stifterfiguren: Vergessene Meisterwerke der frühen Gotik, die im zwanzigsten Jahrhundert plötzlich zur nationalen Ikone wurden – vor allem Uta wurde ein Opfer der weihevollen Sinnsucher. Wolfgang Ullrich beschreibt Gründe und Hintergründe dieser Verehrung.
KKB 59. Englische Broschur. 144 Seiten mit zahlreichen Abbildungen

Horst Bredekamp
SANKT PETER IN ROM
UND DAS PRINZIP DER PRODUKTIVEN ZERSTÖRUNG
Bau und Abbau von Bramante bis Bernini
Der erstmalige minutiöse, auch die neuesten Forschungen umgreifende Bericht über einen Abriß als Neubau, rechtzeitig zum Heiligen Jahr.
KKB 63. Gebunden. 160 Seiten mit über 50 Abbildungen

Peter Burke
REDEN UND SCHWEIGEN
Zur Geschichte sprachlicher Identität
Drei Studien über die Geschichte des Gebrauchs und der sich wandelnden Bedeutung der Sprache sammelt dieser Band: Über Sprache und Identität in Italien, über die Kunst des Gesprächs und über die Sozialgeschichte des Schweigens.
Aus dem Englischen von Bruni Röhm
KKB 46. Englische Broschur. 96 Seiten

Carlo Ginzburg
SPURENSICHERUNG
Die Wissenschaft auf der Suche nach sich selbst
Die drei wichtigsten Aufsätze des »Querdenkers« unter den Historikern: Indizien als historische Methode, Mentalität und Ereignis, Kunst und soziales Gedächtnis.
Aus dem Italienischen von Gisela Bonz und Karl F. Hauber
KKB 50. Englische Broschur. 112 Seiten mit Abbildungen

Wolfgang Ullrich
Mit dem Rücken zur Kunst

erschien 2000 als Band 64 der Reihe
KLEINE KULTURWISSENSCHAFTLICHE BIBLIOTHEK

4. Auflage im April 2004

Umschlaggestaltung Groothuis & Consorten unter Verwendung eines Photos von *Ellerbrock und Schafft/Bilderberg*
Ausstattung & Gestaltung Verlag Klaus Wagenbach, Berlin
Reproduktionen von City Repro, Berlin
Gedruckt auf chlor- und säurefreiem Papier und gebunden von Clausen & Bosse, Leck

ISBN 3 8031 5164 3